PHARMACEUTICALS, HEALTH ECONOMICS AND
MARKET ACCESS
Managed Entry
Agreements and Funding
for Expensive Therapies

高值药品
市场准入协议
从方案设计到医保定价的国际经验

[法] 蒙代尔·图米（Mondher Toumi）
[法] 希蒙·雅罗斯瓦夫斯基(Szymon Jarosławski)　　　　　著
[美] 陈　怡　**主译**
　吴　晶

清华大学出版社
北京

北京市版权局著作权合同登记号 图字 01-2023-1982

Title: Managed Entry Agreements and Funding for Expensive Therapies：Pharmaceuticals, Health Economics and Market Access ‖ISBN 9780367546922

First edition published 2022 by CRC Press

Authorized translation from English language edition published CRC Press, a member of the Taylor & Francis Group.; All rights reserved.本书原版由 Taylor & Francis 出版集团旗下，CRC Press 出版公司出版，并经其授权翻译出版。版权所有，侵权必究。

Tsinghua University Press is authorized to publish and distribute exclusively the Chinese (Simplified Characters) language edition. This edition is authorized for sale in the People's Republic of China only, excluding Hong Kong, Macao SAR and Taiwan. No part of the publication may be reproduced or distributed by any means, or stored in a database or retrieval system, without the prior written permission of the publisher. 本书中文简体翻译版授权由清华大学出版社独家出版。此版本仅限在中华人民共和国境内（不包括中国香港、澳门特别行政区和台湾地区）销售。未经出版者书面许可，不得以任何方式复制或发行本书的任何部分。

Copies of this book sold without a Taylor & Francis sticker on the cover are unauthorized and illegal.
本书封面贴有 Taylor & Francis 公司防伪标签，无标签者不得销售。

本书封面贴有清华大学出版社防伪标签，无标签者不得销售。

版权所有，侵权必究。举报：010-62782989，beiqinquan@tup.tsinghua.edu.cn。

图书在版编目（CIP）数据

高值药品市场准入协议：从方案设计到医保定价的国际经验 / （法）蒙代尔·图米，（法）希蒙·雅罗斯瓦夫斯基著；（美）陈怡，吴晶主译. -- 北京：清华大学出版社，2025.7（2025.11重印）. ISBN 978-7-302-68987-4

Ⅰ. F763
中国国家版本馆 CIP 数据核字第 20255V82L0 号

责任编辑：孙　宇
封面设计：钟　达
责任校对：李建庄
责任印制：刘　菲

出版发行：清华大学出版社
网　　　址：https://www.tup.com.cn, https://www.wqxuetang.com
地　　　址：北京清华大学学研大厦 A 座　　　　邮　编：100084
社 总 机：010-83470000　　　　邮　购：010-62786544
投稿与读者服务：010-62776969, c-service@tup.tsinghua.edu.cn
质量反馈：010-62772015, zhiliang@tup.tsinghua.edu.cn
印 装 者：三河市东方印刷有限公司
经　　销：全国新华书店
开　　本：165 mm×235 mm　　印　张：9.75　　字　数：148 千字
版　　次：2025 年 8 月第 1 版　　印　次：2025 年 11 月第 2 次印刷
定　　价：98.00 元

产品编号：101849-01

This is the second time one of my books has been translated into Chinese. It is an honor for me that Chinese-speaking readers can access my work. During my tenure as a visiting professor at Beijing University Hospital 3, I gained valuable insights. I also learned a lot from PhD students from China, whose perseverance, hard work, intellect, and dedication showed me that the next generation of Chinese will have a significant impact globally.

拙作再次以中文版面世，能让华语读者品读我的作品，我深感荣幸。在北京大学第三医院担任客座教授的经历，让我对中国有了更深入的了解，获益良多；更重要的是，我从一批杰出的中国博士研究生身上受益匪浅——他们展现出的锲而不舍、孜孜不倦、才思敏捷与矢志不渝，令我深信中国年轻一代必将为人类文明进程作出重要贡献。

The translation of the book was proposed by Professor Vivian Chen, with whom I frequently interact. This idea arose due to the escalating prices of innovative drugs, prompting countries to seek solutions for making these therapies affordable through mechanisms that mitigate the risk of ineffectiveness and ensure alignment with affordability.

本书的翻译构思由与我长期合作的陈怡教授提出。这一想法的产生，源于全球（包括中国在内）创新药价格持续攀升的现状，促使世界各国亟需探索解决方案，即通过建立风险分担机制来降低疗效不确定性，同时确保药品可及性与可负担性，最终使创新疗法惠及更多患者。

It is clear that a dynamic society like China has growing aspirations for improved health care. Although access to health care in China has significantly expanded over the past 25 years, at a pace unseen before in the world, the rapid development of new, effective, and costly therapies presents challenges for Chinese payers. Then it is useful that this book becomes accessible to the

Chinese community of payers and pharmaceutical stakeholders.

显而易见，在中国这样一个蓬勃发展的社会，民众对提升医疗健康水平的诉求与期望日益俱增。过去二十五年间，中国基本医疗服务可及性显著提升，其速度之快，世所罕见。然而，众多疗效显著但价格昂贵的新型疗法迅猛发展，为中国医保支付方构成严峻挑战。正因如此，本书中译版的推出，若能助益中国医保支付方及医药界相关人士，诚为价值所在。

Examining how different regions and countries tackle these challenges can be a practical approach to finding solutions. Following the definitions and concepts, this book offers a historical overview of some agreements that established the basis for managed entry agreements. Though older, deals like Chronos in Italy and Multiple Sclerosis in the UK mark a new era for managed entry agreements. Readers can get an overview of various examples by country. This book consolidates many practical details that were previously scattered across various sources. It also examines funding processes and specific products like regenerative medicine, including gene and cell therapies.

研究不同国家和地区应对此类挑战的策略，可以为探索解决方案提供有益途径。本书在厘清核心定义与概念后，回顾了药品管理准入协议发展历程中的关键历史案例。虽然年代久远，但是像意大利"Chronos计划"与英国"多发性硬化症项目"等案例，标志着全球新药准入进入全新管理准入协议的时代。通过以国别分类的多样化案例总览，读者可系统地把握全球实践脉络。尤为重要的是，本书整合了大量曾散见于各类资料文献的实操细节，并深入剖析支付流程与再生医学（含基因及细胞疗法）等特定产品领域的应用。

I am proud that the last chapter on Gene and Cell therapies was co-authored with Dr. Tingting Quiu, a former PhD student, now working in China, and a brilliant colleague.

关于基因与细胞疗法的终章，我有幸与才华横溢的前博士生邱婷婷博士（现任职于中国）合作撰写，此亦为本书之荣。

I hope this book will provide enlightening to the Chinese community on how other countries attempted to address the challenges posed by innovative therapies.

我衷心希望本书能为中国业界同仁带来启迪，洞悉其他国家如何尝试应对创新疗法提出的挑战。

I would like to extend my gratitude to Dr. Vivian Cheng for initiating this project, and to Dr. Peng Meng for providing technical support. Additionally, I am deeply appreciative of Dr. Jing Yang when I reflect upon China.

我谨向发起此项目的陈怡博士、提供技术支持的门鹏博士致以诚挚谢意。此外，每当忆及中国，杨晶博士给予的支持亦令我深怀感念。

Enjoy reading!

敬请开卷，共飨新知！

Pr. Mondher Toumi

蒙代尔·图米 教授

Department of Public Health

公共卫生系

Aix Marseille University

艾克斯－马赛大学

医药创新的重要性不言而喻。近年来，我国药品监管政策和市场因素变化，加速了医疗技术研发和新药上市，对于推动疾病预防、治疗和康复发挥了不可替代的作用。然而，随着新药的不断涌现，如何在满足临床需求的同时，提高药品的可及性和可负担性，成为了亟待解决的问题。

《高值药品市场准入协议——从方案设计到医保定价的国际经验》一书的出版恰逢其时，为我们提供了一套系统而全面的解决方案。本书不仅回顾了市场准入协议（MEA）的发展历史，还深入讨论了未来创新药物疗法的可负担性以及医疗保险系统可能面临的挑战。通过本书，我们可以更好地理解MEA在全球范围内的应用和推广，进而为我国医保制度改革和发展提供有力支持。同时，通过汇总国际上成熟市场不同医保体系下的前沿观点和实际药品案例，本书为我们提供了一扇了解全球医药市场准入协议的最新窗口。

对于我国而言，了解医药技术创新趋势和国际经验尤为重要。本书不仅有助于我们提前应对未来可能的变化，还有助于加强我国研发端和支付端政策的协同发展。感谢两位教授为我们带来的这部优秀作品。希望通过本书的出版，能够推动我国医药创新和医保制度的进一步发展，为人民群众的健康福祉带来更多获益。

张宗久（清华大学医院管理研究院）

2025 年 3 月 10 日

近年来，全球生物科技快速发展，突破性创新药疗法可以实现从某种疾病的重复治疗管理到一次性治愈管理的突破，并有可能实现明确的永久性治愈，如丙型肝炎直接抗病毒药物和CAR-T疗法。这些创新药疗法在给患者带来治愈希望的同时，其昂贵价格和支付压力也对所有医保支付方，包括医疗保健系统的可持续发展带来挑战。随着更多创新药的获批上市，临床疗效和基金影响不确定性对原来适合所有药品的医保准入定价的通用规则带来了挑战，导致一些高价值、临床亟需的创新药无法被纳入各国社会医疗保险药品目录并及时惠及患者。

自2000年以来，在医药技术创新的驱动下，针对高值创新药研发特点，以欧美政府为主导的社会医疗保险模式纷纷开始探索有效支付策略。为了缓解高值创新药可负担压力，创新支付协议即通过风险分担降低医保支付风险逐渐成为高值药品被纳入国家医保的主要支付模式，并获得不断发展。值得一提的是，2024年年底，美国CMS也开始在联邦政府层面针对一款基因疗法直接与企业谈判，并开展按疗效结果支付的试点。

我国是全球医药大国，新药研发管线居全球第二，但是我国创新药发展起步相对较晚。然而，过去20年的医药创新快速发展，彻底改变了我国患者新药可及性严重不足的局面。2018年，我国正式开始国家层面医保药品谈判，将新上市的创新药品快速纳入医保，随着2020年药品谈判逐步常态化，也开始出现新问题。创新药快速更新迭代的同时伴随着新药价格越来越昂贵的支付矛盾，即欧美国家曾经遇到的问题，也开始在我国医药科技快速发展过程中出现。因此，在如何有效支付高值创新药并实现共赢的探索上，我们才刚刚开始。无论是在理论层面，还是实践层面上；无论是在支付端、研发端，还是医疗端，各相关利益方在创新支付模式上还未形成一定共识。

《高值药品市场准入协议——从方案设计到医保定价的国际经验》一书详细介绍了基于创新疗法的治疗特点，以及近年来全球药品监管机构加快药品审评审批趋势影响下，各国医保支付方如何应对昂贵创新疗法、如何通过支付模式创新，克服传统卫生技术评价局限性，开始采取其他技术评价方法，如基于真实世界数据按疗效支付模式。本书收集汇总国际上成熟市场不同医保体系下，针对昂贵创新药医保支付最前沿专业讨论和观点，以及市场准入协议发展背景和未来发展趋势。全书信息全面，涵盖了9个国家的市场准入模式，以40款独立药物为例，分享了多达56个谈判药品医保准入案例和大量可供参考的国际研究文献。

目前我国出版的相关书籍对医保如何支付创新药国际实践的系统介绍甚少，专业人员所获得的信息较为片面和分散。因此，提高相关知识普及和促进医保政策的科学化和精细化管理，在新生态环境下变得愈加重要。希望本书的出版对我国创新药下一步支付模式改革创新带来有益借鉴，为所有与创新药医保准入领域相关的专业人士、医药政策研究者和高校研究生提供宝贵学习机会。

在本书的翻译过程中，我们得到了许多专家的慷慨帮助与支持，他们为书稿的准确性和专业性贡献了宝贵的意见。特别感谢北京大学全球健康发展研究院刘国恩院长的专业指导，他的细致审阅使译文更加精准。同时，也感谢原著作者Mondher Toumi教授，以线上和邮件的方式多次与翻译团队确认原文表达的意思以确保中文精准翻译。此外，感谢北京大学第三医院药剂科药物经济学学者门鹏博士在校对过程中提出的很多宝贵专业意见。最后，也感谢课题翻译组成员天津大学药物科学与技术学院刘程宇博士、马芳芳硕士，清华大学医院管理研究院2023级研究生陈艾、孔凡懿、杨景雄在翻译过程中的认真协助，他们对译版文字的反复推敲促进了本书的及时定稿。此外，也要感谢上海药明巨诺生物科技有限公司和北京清华长庚医院王闻雅研究员负责带领的"中国-欧盟国际精准医疗领域合作支持计划"（IC2PerMed）项目组专家的大力支持。在此，谨向所有给予帮助的专家和朋友致以最诚挚的谢意！

陈怡（清华大学医院管理研究院）

吴晶（天津大学医学部药物科学与技术学院）

2025年3月　北京

原 著 序 言

    21世纪生物技术和分子生物学领域的重大进步，促使人类对疾病的病理生理学有了更深入的了解。新一代生物制药已经涌现，包括大量具有多样化治疗前景的创新疗法不断上市。其发展的目标是通过创新疗法进行预防或治疗，将过去被视为不可治愈的疾病变为可治愈。此书的独到之处是侧重介绍药品监管环境如何在创新疗法的审评审批改革上与时俱进，也将概述卫生技术评估机构和医保方的支付改革面临的阻力。此书从提高患者可及性视角，阐述了患者应如何获得创新疗法，以及在哪些方面进行政策调整是必要的。本书有利于帮助读者了解国际经验与现状，获取最新观点和专业知识。

蒙代尔·图米

Mondher Toumi

原 著 作 者

蒙代尔·图米，医学博士，生物统计学和生物科学硕士（药理学专业），经济学博士，现为法国艾克斯－马赛大学公共卫生学系教授。

在法国马赛大学药理学系担任了12年的研究部负责人后，图米教授于1993年加入该校公共卫生学系。自1995年起，图米教授开始了他在制药行业13年的任职生涯。其间，他担任灵北公司（Lundbeck A/S）的全球副总裁，负责健康经济学、结果研究、定价、市场准入、流行病学、风险管理、政府事务和市场竞争策略。

2008年，图米教授创办了Creativ-Ceutical国际咨询公司，致力于为医药产业和行政管理部门提供战略决策服务。2009年2月，他被任命为法国里昂第一大学决策科学和卫生政策系的教授；同年，又被任命为公共卫生和市场准入系主任。

图米教授推出全球首个市场准入国际认证课程，成为欧洲市场准入大学专业（European Market Access University Diploma，EMAUD）的课程创始人，先后有近800名学生参加了学习。最近，图米教授又创建了市场准入协会，以促进市场准入、卫生技术评估（HTA）、公共卫生和卫生经济学评价等方面的教育培训、研究和科学活动。图米教授也是《市场准入与卫生政策》（*Journal of Market Access and Health Policy*，JMAHP）杂志的主编。

2022年，他创办了InovIntel公司，该公司是一家专门从事生命科学人工智能的研究和商业活动的企业。此外，图米教授也是北京大学（第三医院）的客座教授。他是业界公认的国际知名卫生经济学专家，也是市场准入和风险管理方面的权威，完成了250多篇科学文献和研讨交流，并撰写或合著了15本专业书籍。

希蒙·雅罗斯瓦夫斯基，生物技术硕士，分子生物学博士。

希蒙·雅罗斯瓦夫斯基博士在公共卫生和创业方面有超过15年的研究和讲学经验。他的研究领域包括公共政策、罕见病、药物研发和定价、心理健康与行业咨询。作为咨询顾问，他为欧洲的生命科学产业和公共医疗保健机构提供决策建议。他还研究印度初创企业管理，相关领域包括医疗技术、非营利/社会企业、远程医疗、结核病诊断，以及医疗卫生体系等。希蒙·雅罗斯瓦夫斯基博士还与他人合著了几十篇科学文章和若干本学术书籍。

# 缩略语列表

AADC	Aromatic L-Amino Acid Decarboxylase	芳香族L-氨基酸脱羧酶
AAV	Adenovirus Associated Viral Vector	腺病毒载体
AB	Actual Benefit (*Service Médical Rendu*)	实际价值
ACO	Affordable Care Organizations	责任医疗组织
ACT	Appropriate Comparator Therapy	适宜的对照疗法
ADA	Adenosine Deaminase Deficiency	腺苷脱氨酶缺乏症
AIFA	Italian Medicines Agency (*Agenzia Italiana del Farmaco*)	意大利国家药品管理局
ALD	Adrenoleukodystrophy	肾上腺脑白质营养不良
ALL	Acute Lymphoblastic Leukaemia	急性淋巴细胞白血病
ARM	Alliance for Regenerative Medicines	再生医学联盟
ASCT	Autologous Stem Cell Transplant	自体造血干细胞移植
ATMP	Advanced Therapy Medicinal Products	先进疗法药品
ATU	Temporary authorisation for use (*Autorisation Temporaire d'Utilisation*)	临时使用授权计划
AWU	Annual Work Unit	年度工作计量单位
BCMA	B-Cell Maturation Antigen	B细胞成熟抗原
BLA	Biologics License Application	生物制品许可申请
CADTH	Canadian Agency for Drugs and Technologies	加拿大药物和卫生技术局
CAR	Chimeric Antigen Receptor	嵌合抗原受体
CAT	Committee for Advanced Therapies	先进治疗委员会
CATP	Combined Therapy Medicinal Product	联合治疗药物

CBER	Centre for Biologics Evaluation and Research	生物制品评价与研究中心
CDF	Cancer Drugs Fund	癌症药物基金
CED	Coverage with Evidence Development	基于证据进展的报销
CEPS	*Comité Economique des Produits de Santé*	［法］经济委员会
CFR	Code of Federal Regulations	《美国联邦法规》
CHMP	Committee for Medicinal Products for Human Use	［欧］人用药品委员会
CI	Confidence Interval	置信区间
CMS	Centers for Medicare & Medicaid Services	［美］医疗保险和医疗补助服务中心
COMP	Committee on Orphan Medicinal Products	［欧］孤儿药品委员会
CR	Complete Remission	完全缓解
CRISPR	Clustered Regularly Interspaced Short Palindromic Repeats	成簇规律间隔的短回文重复序列
CRPC	Castrate Resistant Prostate Cancer	去势抵抗性前列腺癌
CTD	Common Technical Document	通用技术文档
CTMP	Cell Therapy Medicinal Product	细胞治疗药物
DLBCL	Diffuse Large B-Cell Lymphoma	弥漫大B细胞淋巴瘤
DMD	Duchenne Muscular Dystrophy	杜氏肌营养不良症
DNA	Deoxyribonucleic Acid	脱氧核糖核酸
DRG	Diagnosis Related Group	疾病诊断相关分组
EC	European Commission	欧盟委员会
EMA	European Medicines Agency	欧洲药品管理局
ERP	External Reference Pricing	外部参考定价
EU	European Union	欧盟

FDA	Food and Drug Administration	［美］食品药品监督管理局
GCP	Good Clinical Practice	《药物临床试验质量管理规范》
GDP	Gross Domestic Product	国内生产总值
GMP	Good Manufacturing Practices	药品生产质量管理规范
GTMP	Gene Therapy Medicinal Product	基因治疗产品
GVHD	Graft Versus Host Disease	移植物抗宿主病
HAS	*Haute Autorité de Santé*	［法］卫生高级权力机关
HCT/P	Human Cells，Tissues，or Cellular or Tissue-Based Products	人体细胞组织产品
HHS	Health and Human Services	［美］健康与人类服务部
HLA	Human Leukocyte Antigen	人类白细胞抗原
HPC	Hematopoietic Progenitor Cells	造血干细胞
HRQoL	Health Related Quality of Life	健康相关生命质量
HSCT	Hematopoietic Stem Cell Transplantation	造血干细胞移植
HST	Highly Specialised Technology	高度专业化技术
HSV-TK	Herpes Simplex I Virus Thymidine Kinase	单纯疱疹病毒胸苷激酶基因
HTA	Health Technology Assessment	卫生技术评估
IAB	Improvement in Actual Benefit（*Amélioration du Service Médical Rendu*）	实际获益改善
ICER	Incremental Cost-Effectiveness Ratio	增量成本-效果比
ICER	Institute for Clinical and Economic Review	［美］临床经济与经济评审研究所
IM	Intramuscular	肌内注射
IND	Investigational New Drug	临床新药研究

INN	International Non-proprietary Names	国际非专利药名
IP	Intellectual Property	知识产权
IQWIG	*Institut Für Qualität Und Wirtschaftlichkeit Im Gesundheitswesen*	［德］医疗保健质量和效率研究院
ITF	Innovation Task Force	创新工作组
ITT	Intention-To-Treat	意向性治疗
IV	Intravenous	静脉注射
MA	Marketing Authorisation	上市许可
MAA	Marketing Authorisation Application	上市许可申请
MACI	Matrix-Induced Autologous Chondrocyte Implantation	基质诱导的自体软骨细胞植入术
MEA	Managed Entry Agreement	管理准入协议
MPS	Mucopolysaccharidosis	糖胺聚糖贮积症
NHL	Non-Hodgkin Lymphoma	非霍奇金淋巴瘤
NHS	National Health Services	［英］国家医疗服务体系
NICE	National Institute for Health and Care Excellence	［英］国家卫生与临床优化研究院
NIH	National Institutes of Health	［美］国立卫生研究院
OECD	Organisation for Economic Co-Operation and Development	经济合作与发展组织
OTAT	Office of Tissue and Advanced Therapies	组织和先进疗法办公室
PDCO	Paediatric Committee	儿科委员会
PDUFA	Prescription Drug User Fee Act	《处方药付费法案》
PFU	Plaque-Forming Unit	空斑形成单位
PMBCL	Primary Mediastinal Large B-Cell Lymphoma	原发纵隔大B细胞淋巴瘤
PRAC	Pharmacovigilance Risk Assessment Committee	［欧］药物警戒风险评估委员会

PRIME	Priority Medicines	优先评审
QALY	Quality Adjusted Life Year	质量调整生命年
RCT	Randomised Clinical Trial	随机对照试验
RMAT	Regenerative Medicine Advanced Therapy	再生医学先进疗法
RMP	Risk Management Plan	临床风险管理计划
SGCMPS	General Sub-Directorate of Quality of Medicines and Medical Devices	药品和医疗器械质量总局
SMA	Spinal Muscular Atrophy	脊髓性肌肉萎缩症
SMC	Scottish Medicine Consortium	苏格兰医学联盟
SME	Micro-，Small- and Medium-Sized Enterprise	中小微企业
SPC	Summary of Product Characteristics	产品特性概要
TC	Transparency Committee	［法］透明委员会
TDT	Transfusion-Dependent β-Thalassaemia	输血依赖型 β-地中海贫血
TEP	Tissue Engineered Product	组织工程产品
TLV	Dental and Pharmaceutical Benefits Agency	［瑞典］牙科和药物福利局
TPP	Target Product Profile	目标产品概况
TTO	Time Trade-Off	时间权衡法
UK	United Kingdom	英国
US	United States	美国
VBP	Value Based Pricing	按价值定价
WHO	World Health Organization	世界卫生组织
ZIN	*Zorginstituut Nederland*	［荷兰］国家医疗保健研究所

目　录

第1章
药品管理准入协议的介绍

1.1　背景···1

1.2　定义和概念···4

1.3　全球概况···5

1.4　从价格管理到费用管理的政策转变····························8

1.5　MEAs的未来发展方向··9

参考文献··9

第2章
药品管理准入协议的定义与分类

2.1　定义···13

2.2　MEAs的分类及其对药品市场的影响······················14

　　2.2.1　基于财务的协议···14

　　2.2.2　基于疗效的协议···16

　　2.2.3　基于服务的协议···19

2.3　结论···20

参考文献··20

第3章
意大利从基于证据进展的报销协议到基于个体疗效的报销协议

3.1　CRONOS项目···28

3.2　IPBAs的兴起···32

3.3 结论 ··34

参考文献 ··34

第4章
基于证据进展的报销方案——英国多发性硬化症药物"昂贵的失败"？

4.1 MS的CED方案实施 ···42

4.2 其他国家HTA对MS药物的建议 ······································45

4.3 结论 ··48

参考文献 ··48

第5章
各国药品管理准入协议实施情况比较

5.1 法国 ··51

　　5.1.1 艾可拓®（吡格列酮）Actos®（Pioglitazone）和文迪雅®
　　　　　（罗格列酮）Avandia®（Rosiglitazone）治疗2型糖尿病的
　　　　　CED/P4P协议 ··53

　　5.1.2 希敏佳®（培塞利珠单抗）Cimzia®（Certolizumab Pegol）
　　　　　治疗类风湿性关节炎的P4P协议 ···························53

　　5.1.3 Imnovid®（Pomalidomide）治疗多发性骨髓瘤的P4P协议 ·······53

　　5.1.4 泰毕全®（达比加群酯）Pradaxa®（Dabigatran）、拜瑞妥®
　　　　　（利伐沙班）Xarelto®（Rivaroxaban）治疗心脑血管疾病的
　　　　　CED/P4P/PVA ··54

　　5.1.5 Risperdal Consta®（Risperidone）治疗精神分裂症的CED/
　　　　　P4P协议 ··54

　　5.1.6 Kymriah®（Tisagenlecleucel）治疗B细胞性急性淋巴母
　　　　　细胞白血病（Acute Lymphoblastic Leukaemia，ALL）和
　　　　　弥漫性大B细胞淋巴瘤（Diffuse Large B-Cell Lymphoma,
　　　　　DLBCL）的CED ··54

5.2　德国 ·····55

　5.2.1　Kymriah®（Tisangelecleucel）治疗B细胞ALL和DLBCL的
　　　　 P4P协议和折扣 ·····57

　5.2.2　Mavenclad®（Cladribine）治疗多发性硬化症的P4P协议和折扣 ·····57

5.3　意大利 ·····57

　5.3.1　安适利®（维布妥昔单抗）Adcetris®（Brentuximab Vedotin）
　　　　 治疗淋巴瘤的CED/P4P协议 ·····59

　5.3.2　安理申®（多奈哌齐）Aricept®（donepezil）治疗阿尔茨海默
　　　　 病的P4P协议 ·····60

　5.3.3　安维汀®（贝伐珠单抗）Avastin®（Bevacizumab）用于肿瘤
　　　　 多适应证的P4P协议及特定适应证定价 ·····60

　5.3.4　赫赛汀®（曲妥珠单抗）Herceptin®（Trastuzumab）和帕捷特®
　　　　 （帕妥珠单抗）Perjeta®（Pertuzumab）联合治疗乳腺癌的组合
　　　　 折扣 ·····61

　5.3.5　奥莱森®（西美瑞韦）Olysio®（Simeprevir）和Incivo®
　　　　 （Tela-previr）治疗丙肝的组合协议 ·····61

　5.3.6　Strimvelis®（自体CD34$^+$富集细胞分数）治疗腺苷脱氨酶
　　　　 缺失（ADA）导致的重症联合免疫缺陷的P4P协议 ·····61

　5.3.7　艾思瑞®（吡非尼酮）Esbriet®（Pirfenidone）治疗特发性
　　　　 肺纤维化的P4P协议 ·····62

　5.3.8　Kymriah®（Tisagenlecleucel）治疗B细胞ALL和DLBCL的
　　　　 P4P协议 ·····62

5.4　荷兰 ·····62

　5.4.1　Imnovid®（Pomalidomide）治疗多发性骨髓瘤的P4P协议和折扣 ·····64

　5.4.2　赫赛莱®（恩美曲妥珠单抗）Kadcyla®（Trastuzumab
　　　　 Emta-nsine）治疗乳腺癌的P4P协议 ·····64

　5.4.3　美而赞®（阿糖苷酶α）Myozyme®（Alglucosidase α）
　　　　 治疗庞贝氏症的CED ·····64

　5.4.4　瑞普佳®（阿加糖酶α）Replagal®（Agalsidase Alpha）
　　　　 治疗法布雷病的CED ·····65

　5.4.5　茁乐®（奥马珠单抗）Xolair®（Omalizumab）治疗哮喘和
　　　　 慢性荨麻疹的P4P协议 ·····65

5.4.6 诺西那生钠 Spinraza®（Nusinersen）治疗脊髓性肌肉萎缩症
（Spinal Muscular Atrophy，SMA）的 CED ················66

5.5 西班牙 ················66

5.5.1 易瑞沙®（吉非替尼）Iressa®（Gefitinib）治疗非小细胞
肺癌的 P4P 协议 ················67

5.5.2 ChondroCelect®（自体软骨细胞疗法）治疗膝关节症状性软骨
缺损的 P4P 协议和预算封顶 ················67

5.5.3 希敏佳®（培塞利珠单抗）Cimzia®（Certolizumab Pegol）
治疗类风湿性关节炎的 P4P 协议 ················67

5.5.4 丙型肝炎药物的协议、预算和用量封顶 ················68

5.5.5 索华迪®（索磷布韦）Sovaldi®（Sofosbuvir）治疗丙型肝炎的
P4P 协议和预算上限 ················68

5.5.6 诺西那生钠 Spinraza®（Nusinersen）治疗脊髓性
肌肉萎缩（SMA）的 CED 和折扣 ················68

5.5.7 达必妥®（度普利尤单抗）Dupixent®（Dupilumab）治疗重度
特应性皮炎的 CED ················68

5.6 瑞典 ················69

5.6.1 Duodopa®（Levodopa/Carbidopa）治疗晚期帕金森病的 CED ····70

5.6.2 诺欣妥®（沙库巴曲/缬沙坦）Entresto®（Sacubitril/Valsartan）
治疗心力衰竭的基于财务的 MEA 和数据收集 ················71

5.6.3 Raxone®（Idebenone）治疗 Leber 遗传性视神经病变的基于
财务的 MEA 和数据收集 ················71

5.6.4 丙型肝炎药物（直接抗病毒药物）的治疗类别协议 ················71

5.6.5 Orkambi®（Lumacaftor/Ivacaftor）治疗囊性纤维化的组合协议···71

5.6.6 泽珂®（阿比特龙）Zytiga®（Abiraterone）治疗前列腺癌的
P4P/基于财务的协议 ················72

5.7 英国 ················72

5.7.1 Kymriah®（Tisagenlecleucel）治疗 B 细胞 ALL 和 DLBCL 的
CED ················74

5.7.2 倍力腾®（贝利尤单抗）Benlysta®（Belimumab）治疗系统性
红斑狼疮的 CED 和患者人数上限 ················75

5.7.3 修美乐®（阿达木单抗）Humira®（Adalimumab）治疗化脓性
汗腺炎的疾病特异性定价 ··75

5.7.4 Mavenclad®（Cladribine）治疗多发性硬化症的 P4P 和折扣 ····75

5.7.5 奥莱森®（西美瑞韦）Olysio®（Simeprevir）治疗丙型肝炎的
P4P 协议 ··76

5.7.6 艾诺全®（格卡瑞韦/哌仑他韦）Maviret®（Glecaprevir/Pibr-
entasvir）和索华迪®（索磷布韦）Sovaldi®（Sofosbuvir）治疗
丙型肝炎的 P4P 协议 ···76

5.7.7 诺西那生钠 Spinraza®（Nusinersen）治疗脊髓性肌肉
萎缩（SMA）的 CED ··77

5.8 美国 ··77

5.8.1 Kymriah®（Tisagenlecleucel）治疗 B 细胞 ALL 的 P4P 协议 ······79

5.8.2 诺欣妥®（沙库巴曲/缬沙坦）Entresto®（Sacubitril/Valsartan）
治疗心力衰竭的 P4P 协议 ···79

5.8.3 瑞百安®（依洛尤单抗）Repatha®（Evolocumab）预防心脏
骤停的 P4P 协议 ···79

5.8.4 度易达®（度拉糖肽）Trulicity®（Dulaglutide）治疗 2 型
糖尿病的基于群体的 P4P 协议 ··80

5.8.5 易瑞沙®（吉非替尼）Iressa®（Gefitinib）治疗非小细胞
肺癌的 P4P 协议 ···80

5.8.6 恩利®（依那西普）Enbrel®（Etanercept）治疗类风湿性
关节炎的 P4P 协议 ··80

5.8.7 Orbactiv®（Oritavancin）治疗细菌性皮肤感染的优先处方地位 ····81

5.8.8 Aristada®（Aripiprazole Lauroxil）治疗精神分裂症与患者
依从性相关的 PVA ··81

5.9 加拿大 ··81

5.9.1 法布赞®（阿加糖酶 β）Fabrazyme®（Agalsidase β）和瑞普佳®
（阿加糖酶 α）Replagal®（Agalsidase α）治疗法布雷病的 CED ···83

5.9.2 丙型肝炎药物的治疗类别折扣 ··83

5.9.3 瑞唯抒®（替度格鲁肽）Revestive®（Teduglutide）治疗
短肠综合征的 P4P 协议 ···83

5.10　结论···84
　　5.10.1　创新MEAs的关键成功因素··84
　　5.10.2　创新MEAs的主要挑战···85
参考文献···86

第6章
昂贵创新疗法的创新支付

6.1　摊销（分期偿还）··96
6.2　捆绑式支付和治疗周期···96
6.3　年金/分期付款···97
6.4　健康币···98
6.5　基于疗效结果的协议（outcome-based arrangements）····························99
6.6　私人或政府机构提供的患者贷款··100
6.7　由民营机构或政府组织提供的支付方贷款··100
6.8　政府特别专项基金···100
6.9　保险池···101
6.10　再保险···102
6.11　知识产权收购···102
6.12　讨论··102
参考文献···104

第7章
细胞和基因治疗（CGT）的药品准入管理协议

7.1　快速变革中药物研发与临床试验面临挑战··106
7.2　细胞和基因疗法（CGT）的临床证据局限性··107
7.3　细胞和基因治疗的高昂价格···107
7.4　药品管理准入协议的实施··108

7.4.1 奕凯达®（阿基仑赛注射液）Yescarta®（axicabtagene ciloleucel）·····110

7.4.2 Kymriah®（Tisagenlecleucel）·····113

7.4.3 Zynteglo®（Betibeglogene Autotemcel）·····115

7.4.4 Zolgensma®（Onasemnogene Abeparvovec）·····116

7.4.5 Tecartus®（Brexucabtagene Autoleucel）·····119

7.4.6 Libmeldy®（CD34$^+$类似物细胞编码 ARSA 基因）·····120

7.5　准入管理协议的实施：挑战和建议·····122

7.6　结论·····123

参考文献·····124

第1章
药品管理准入协议的介绍

1.1 背景

近年来，具有突破性治疗潜力的昂贵创新疗法（expensive therapies，ETs）的研发上市，填补了临床未被满足的巨大需求，但同时也给医保支付方和制药企业带来了极大的挑战[1-2]。对医保支付方的挑战，不仅是因为创新疗法本身对医保基金的影响甚大，而且也受制于创新疗法的获批通常是基于临床证据不充分的事实[3]。其实，国家药品监管机构和医保支付方在对于新药的评估上存在着显著的监管差异。因此，一款创新疗法获得国家药品监管机构批准上市，并不意味着其一定能被纳入国家医保药品报销目录。具体来讲，药监部门关注的是创新疗法临床价值获益/风险比（benefit-risk ratio）评估是"有利"还是"不利"（positive or negative），而不太关注创新疗法的成本以及其对医疗体系产生的经济影响；而医保支付方则需要掌握其相对于标准疗法或常规疗法的额外临床获益大小，并且需要从临床管理难易程度、创新疗法对医疗体系的影响，以及在某些国家采用创新疗法的相关成本等角度进行综合考量。因此，针对创新疗法相比现有疗法的增量获益，医保支付方需要准确评估并认可后，才能评价医保对创新疗法的支付意愿。如果创新疗法在临床获益或者最终成本方面存在很大的不确定性，医保支付方将因为关键评估信息不充分而无法做出合理的报销决策，可能会拒绝将创新疗法纳入报销或要求药品大幅度价格折扣。

此外，由于可能出现的患者和社群组织不满[4]，如医保部门对某款创新药品做出拒绝纳入医保报销的决策，在今天将面临更大阻力，尤其是面对那些缺乏医疗服务可及性、残疾或患有危及生命安全的疾病，同时对新疗法抱有极大救治希望的患者弱势群体。更进一步说明，当创新疗法被医保部门拒绝报销时，意味着企业将难以确保其投入大量资金的前期研发产品获得市场准入。这反过来可能会进一步抑制企业未来在那些存在巨大未被满足的治疗领域的研发投入。

尤其在欧洲，已有案例表明部分高收入国家因创新疗法价格过高而被医保拒付。例如，21世纪初，意大利曾对是否将阿尔茨海默病药物纳入社会保险药品报销范围迟疑不决；英国国家医疗服务体系（National Health Service，NHS）曾拒绝报销多个治疗多发性硬化症（multiple sclerosis，MS）药物和癌症的药物[5-8]。为了加快患者对创新疗法可及性，同时有效管理新技术带来的基金压力，国家医保支付方与制药企业开始积极探索不同于传统医保报销的替代方案。即所谓的"药品管理准入协议（managed entry agreements，MEAs）"是指医保支付方与制药企业之间达成的协议，主要目标是解决医保为高价格的创新疗法，特别是临床证据不充分情况下的定价报销问题[9-11]。目前，一大批高收入国家已逐步运用MEAs，例如意大利[12-13]、英国[8]、法国[14]、澳大利亚、新西兰[15]及比利时。同时，部分中高收入国家，如波兰和匈牙利[16]也开展了相应的工作。

意大利于2000年启动的CRONOS项目是欧洲最早开展的MEAs案例之一[17]。意大利国家药品管理局（Agenzia Italiana del Farmaco，AIFA）开发了首个基于药品疗效的支付协议项目，根据疗效证据来决定是否对阿尔茨海默病（alzheimer's disease，AD）治疗中的乙酰胆碱酯酶抑制剂（acetylcholinesterase inhibitors，ChEI）进行报销[18]。此类药物之所以引起了AIFA的关注（scrutiny），是因为AIFA认为有相当数量的老年患者将使用此药物进行慢性治疗，但可能最终仅有一部分患者可从治疗中获益。总的来说，开展CRONOS项目背后的逻辑是只有评估ChEI在真实世界临床实践中的有效性，并基于其长期疗效结果，才能做出医保报销决策[19]。因此，CRONOS项目的设想是先通过收集和分析AD患者的队列研究数据，再确定ChEI的临床疗效结果。这种有条件报销的方法也被称为基于证据进展的报销（coverage with evidence development，CED）。

同时，该项目还规定，国家医保只为接受4个月治疗后有效果的患者买单，而对无疗效的患者，则由企业承担药物费用[20-21]。此外，该项目定期通过AIFA设立的专项登记系统采集患者的个体疗效数据。2004年，AIFA得出结论，CRONOS项目提供的证据完全能够支持国家医保全额支付这些药物的决定，但对患者诊断和后续治疗所需时间加以医保报销的限制，并要求报销药品的处方权仅限于专科医生[18]。随后，ChEI被正式纳入国家医保药品报销目录，此项MEA协议也就随之终止。

与意大利的MEAs经验相反，英国针对MS治疗药物的MEAs协议无论是从提高患者对创新疗法的可及性、节省医保基金，还是从鼓励新证据的生成和收集上，均被证明是相当不成功的。较早时期，英国的卫生技术评估（health technology assessment，HTA）机构——国家卫生与临床优化研究院（National Institute for Health and Care Excellence，NICE），对MS治疗药物评估后做出结论，β干扰素（β-interferons）/醋酸格拉替雷（glatiramer）的增量成本-效果比（incremental cost-effectiveness ratio，ICER）过高，不具有经济性，英国政府难以直接为其报销[22]。因此，英国NHS在2002年与四家MS药物制药企业达成MEAs协议。根据该协议，NHS基于双方谈判的结果，以溢价（premium price）支付该药物，但同时规定，如果签约协议的药物出现不利或不乐观的有效性证据结果，NHS将相应下调其医保支付价格[23]。此外，该MEAs协议还设定要对10 000名患者开展超过10年的跟踪随访，以评估临床试验疗效数据是否与临床实践中观察到的数据一致[24]。此协议相当于一个典型的CED方案［译者注：基于临床试验数据先定价报销，再根据真实世界数据进行佐证］。然而，由于协议设计的缺陷和项目管理的问题，在该项目运作的前7年中，此协议没有对药品开展任何定期价格审核（price review）[22]工作。此外，使用该药物的患者人数也非常有限。2007年数据表明英国只有11.5%的MS患者接受其治疗，而西欧国家占比为35%，美国占比为50%。虽然，MS项目是一个医保报销模式的尝试，但在后面几年里，英国政府和NICE签署了几十个不同的MEAs，其中更多的是基于财务风险的MEAs协议[25-26]。

以上早期案例表明，医保支付方愿意采用MEAs是以管理创新疗法的临床疗效不确定性为出发点，企业愿意采用MEAs则是为了避免新药大幅降价纳入医保报销［译者注：以对外标价（list price）为基础进行降价］。事实上，以上意大利和英国的MEAs实际案例表明，与直接降价相比，通过MEAs签约的协议价格，国家医保均对新药先以溢价纳入报销。另外，企业希望维持新药高价以协议方式纳入医保的背后动机是受国际外部参考价（external reference prices，ERPs）机制的影响。ERPs是不少国家医保进行新药评估和定价的一个重要参考依据［译者注：一个国家新药的定价也同时参考与经济水平相当的某些新药价格］。换句话说，如果一个国家的新药被纳入医保报销后出现大幅降价，将可能会对其他国家产生负面溢出效应，并导致同一药品的国际价格不断走低。

此后，创新疗法通过MEAs以获得低于对外标价的实际协议净价格（real-life net prices）的做法在欧洲及世界各地被广泛运用。在美国也存在类似的情况，由于其不完整和碎片化的医疗保险体系——商业医疗保险与政府医疗保险（medicare）并存，药品在任何一家商业保险公司的对外标价的显著下降可能会被美国和海外市场的其他支付方所参考，从而产生连锁降价效应。因此，MEAs在欧美主流药品市场中已成为一个日益普遍的支持创新疗法的定价准入管理工具，被视为联结新技术价值与价格的纽带。然而，尽管一些MEAs期望通过真实世界数据来补充论证新药的有效性为药物临床试验数据提供进一步佐证，但是，它们在大多数情况下往往被用于解决医保可负担性和支付意愿问题，而非药物临床证据不确定性问题。由此可知，MEAs在多数情况下已逐步演变为一种隐性的价格折扣，或间接降价的策略。

1.2　定义和概念

过去十年间，关于如何划分MEAs的类型，学界已提出诸多不同方法。同时，在现行MEAs术语被正式接受之前，研究者也先后提出了多个不同的术语。例如创新性合约（innovative contracting）、风险共担方案

（risk-sharing schemes，RSS）、市场准入协议（market access agreements，MAS）、药品报销方案（reimbursement schemes）和患者准入计划（patient access schemes，PAS）等[17, 27]。有趣的是，"风险共担"这一概念指医保支付方和企业共同承担创新疗法在真实世界使用可能出现比上市许可递交临床试验数据更差疗效结果所带来的风险[28]。上述意大利CRONOS项目和英国MS项目中协议的签约均以此为原则，但就项目的实际运营情况而言，结果则是喜忧参半（mixed results）。然而，国际实践表明大多数MEAs并没有发挥风险共担功能，即使MEAs最初目标是将药品临床不确定性作为限制医保支付范围为仅获得治疗成功的患者群体的要求，但在实践中，医保部门很少将真实世界与临床试验疗效数据进行对比，并基于结果对药品价格进行相应调整。因此，我们认为"风险共担"概念并没有在绝大部分已经实施MEAs协议中得到体现。

2011年，国际卫生技术评估大会（Health Technology Assessment International，HTAi）政策论坛提出了更为宽泛的MEAs术语，并被国际药物经济学会（International Society for Pharmacoeconomics and Outcomes Research，ISPOR）推荐为首选分类标准[9-10, 29]。根据这一宽泛的分类标准，MEAs主要分为三种类型：基于财务的协议（finance-based agreements，FBAs），如保密折扣；基于疗效的协议（performance-based agreements，PBAs），如按疗效付费（payment-for-performance，P4P）或CED；基于服务的协议（service-based agreement，SBAs），如制药企业资助提供的患者支持和照护的解决方案[17, 27, 30-32]，近期，M. Dabbous等对其进行了描述和命名[33]。关于每种类型MEAs的更多示例，将在另一章节中单独讨论。

1.3　全球概况

全球范围内，医保支付方采纳MEAs的主要原因是出于对基金预算影响的考虑，其次才是出于对新药临床实际疗效不确定性的考量。对制药企业而言，其目的更多的是通过MEAs以维持创新疗法上市时的较高标价

（ list price）。在国际实践方面，意大利的MEAs经验最为悠久；法国、荷兰、瑞典和英国积累了一定经验；西班牙的MEAs经验更多是来自一些地区层面的实践。然而，加拿大和德国则避免应用MEAs。在美国，商业保险公司可以与制药企业自由签署各种FBAs（通常为价格折扣协议），偶尔也会涉及P4P协议。

在欧洲，意大利AIFA是开展MEAs成果最为斐然的政府机构，截至2018年其已与制药企业签署了100余项协议。然而，近期英国已经逐渐超越意大利并处于领先地位[34]。意大利的MEAs中，患者个人折扣协议运用最多，其次是P4P协议、费用共担协议和费用封顶协议。其中，费用共担协议是由制药企业支付首次疗程费用，由国家医保承担后续疗程费用的协议。CED协议则仅限于新药早期准入方案[8, 17]。

自2006年来，意大利AIFA已投入数百万欧元用于多种创新疗法的个体患者PBAs协议。他们通过医院专科医生填写在线处方表格的方法将患者纳入统一的患者登记系统；同时，系统会跟踪监测并监督医生的处方行为和治疗结果[11]。原则上，疗效风险协议确保国家医疗体系仅能对治疗有效的患者支付费用，并确保专科医生仅向符合条件的患者开具处方。然而，意大利医保签约的MEAs只收回AIFA疗效协议险下所支付的药品总费用的5%左右的退款[11-12]。出乎意料的是，相较于PBAs，简单的药品价格折扣方案才是医保基金节省的主要来源[11-12, 16-18]。与之相比，2018年瑞典的一项回溯性研究发现，已签署的56项MEAs协议给国家医保带来的药费节约比例高达50%[35]。作者得出结论，推动瑞典MEAs的主要因素是解决基金可负担性问题，而非管理临床不确定性问题。

截至2018年年底，英国已有超过184项MEAs仍在有效期内。其中，72%是简单价格折扣协议，17%是商业协议（commercial agreement）、基于健康产出的协议或二者结合。同时，大部分协议都集中于肿瘤领域。在英国，价格折扣主要是通过与制药企业谈判，从而达到可接受的ICER值，即每增加一个质量调整生命年（quality adjusted life year，QALY）的成本在2万~3万英镑之间，临终治疗（end-of-life treatment）的医保支付阈值上限则为5万英镑[36]。2017年，在高度专业化技术（highly specialised technology，HST）

评估路径的支持下，英国NICE对于超罕见病药物（ultra-orphan drugs）准入设定了更高的ICER阈值，即每单位QALY的意愿支付阈值设为10万～30万英镑[37]。

在法国，量价协议（price-volume agreement）是制药企业向国家医保支付的大部分退款的主要来源。根据所有MEAs协议条款，在制药企业向法国当局支付的10亿欧元企业退款中，41%是基于量价协议，仅有12%是基于疗效的协议[38]。法国用于"孤儿病"指定药品（orphan designated products）的首选成本控制方案是药品销量封顶。因此，在法国，MEAs在绝大多数的实际实施中被用作控制成本的工具。

总体而言，法国和英国均采取MEAs以降低创新疗法的净成本，同时允许企业新药保持高标价。另外，意大利医保方似乎仅愿意为治疗有效的患者支付创新疗法费用。瑞典和荷兰的支付方则倾向于采用CED协议作为新证据收集方法以指导最终的医保报销决策。目前，越来越多的中欧和东欧国家医保支付方开始接受MEAs可能成为解决国家经济购买力不足的一项可行方案，并有意愿探讨如何通过此类协议以减轻创新疗法对医保基金压力。

美国医保支付环境具有高度分散的特点，每家商业保险公司都可能会与制药企业进行一对一的价格谈判，从而达成相对简单的对外保密价格折扣。美国基于疗效结果的MEAs的早期案例之一是1998年针对辛伐他汀的P4P协议。根据该计划，如果辛伐他汀不能有效降低患者的低密度脂蛋白（low-density lipoprotein，LDL）胆固醇水平，默克公司（Merck）将退还患者和保险公司所支付的药品费用[39]。在美国，制药企业通常可以与多个商业保险公司签订同样的P4P协议[40]。由于美国法律限制，美国政府医疗报销和医疗补助服务中心（Centers for Medicines & Medicaid Services，CMS）虽不能直接与制药企业进行药品谈判，但其在非药物如医疗技术上始终倾向采纳MEAs。

在法国、德国、瑞典和英国，MEAs对医生和医保方造成的行政负担，是医保方考量能否持续开展MEAs的一个关键因素。MEAs持续运营最为理想的结果是，所增加的行政管理成本能够从基于所获得真实世界数据，来改善未来医疗管理和提升临床研究获益中得以补偿。

1.4　从价格管理到费用管理的政策转变

目前，大家已普遍认识到：虽然MEAs可以降低创新疗法的净价格 ［译者注：实际交易价］，从而实现对临床疗效不确定性的管理，但此类方案却不一定能解决创新疗法对医保基金预算的影响。尤其是细胞和基因等创新疗法对医保基金影响更为重大。尽管这些产品的成本空前高昂，但它们具备治愈患者的潜力，并且可以通过单次或短期治疗而产生终身效益。然而，创新疗法的疗效仅限于潜在治愈结果得到证实的部分，还缺乏长期临床试验结果的佐证。因此，医保支付方为那些临床疗效结果需要延迟获得且疗效有待证明的药品，提前一次性支付高昂费用的做法表示担忧。[41]。所以，他们更愿意与制药企业签订与预期治疗结果相符合的长期分期付款计划（long-term instalment payment schedules）。一些专家提议，若一款创新疗法能够延长患者寿命或改善他们在接受治疗后的生存质量，则其支付方案理应反映出这些附加获益[42]。例如，年金或分期付款方式允许医保支付方根据年度或其他可操作的时间表支付创新疗法的费用[43-44]。但是，医保支付也可取决于某些标准，如患者疗效指标。在这种情况下，医保支付方应确保持续的现金流既能在合同期内分期分摊，又能在遵守公认的会计规则下记录药品采购与使用年份的前期高昂成本。值得注意的是，不同于大型医疗设备，药品本身被视为消耗品，因此其不能进行摊销或折旧。尽管如此，制药企业的收入仍在销售年份当期被核算入账，实际的现金流也在合同支付期内进行分期分摊。

此外，在单一付费方（single-payer）模式下的国家医疗保健体系中，一些政府开始通过设立药物专项基金为那些被证明具备良好疗效的创新疗法提供报销支付[43]。类似的基金包括英国的癌症药物基金（Cancer Drug Fund，CDF）、苏格兰的"新药基金"（New Medicines Fund）和澳大利亚的高度专业化药物计划（Highly Specialized Drugs Program）。此外，在意大利，从制药企业募集的"5% AIFA基金"被用于资助罕见病创新疗法的治疗费用。我们将在第6章进一步论述这些基金。制药企业本身受益于这些创新支付模式，因为企业可以在医保支付方购买药物时立即收回药品成本。

1.5　MEAs的未来发展方向

总体而言，加强药品成本控制是医保支付方采用MEAs的最主要目的，其次才是解决药品实际疗效的不确定性问题。制药企业则更多的是确保新药能够及时纳入医保报销，同时维持国际市场参考定价时可参照的高标价。然而，基于疗效结果的MEAs通常需要投入大量额外的资源和时间，这就必须权衡新药是否可以解决临床未满足需求或聚焦国家重大公共卫生问题。

然而，像基因治疗这类创新疗法应被纳入特殊考量，因为尽管其已在临床试验中展现出显著的健康效益，但其疗效能否长期维持尚未确定。原则上，基于疗效结果的MEAs（如CED）可以解决这类临床疗效不确定性的问题，但因为需要对患者进行数十年的跟踪随访，在实际操作中实用性不强。因此，针对创新疗法，分期付款正日益成为一种有希望的新选择。但是，分期付款并不能真正解决医保支付方所面临的实际挑战，即创新疗法对医保基金影响较大的这一客观事实。

参 考 文 献

[1] Gronde TV, Uyl-de Groot CA, Pieters T. Addressing the Challenge of High-Priced Prescription Drugs in the Era of Precision Medicine: A Systematic Review of Drug Life Cycles, Therapeutic Drug Markets and Regulatory Frameworks. PLoS One 2017; 12 (8): e0182613.

[2] Butcher A. Understanding Today's Drug Pricing Environment. Eur. Pharm. Rev. 2016; 21 (5): 3.

[3] Vella Bonanno P, et al. Adaptive Pathways: Possible Next Steps for Payers in Preparation for Their Potential Implementation. Front Pharmacol. 2017; 8: 497.

［ 4 ］ DiMasi JA. Price Trends for Prescription Pharmaceuticals: 1995–1999. 2000, Washington DC: Tufts University: Leavey Conference Center, Georgetown University.

［ 5 ］ Raftery J. Multiple Sclerosis Risk Sharing Scheme: A Costly Failure. BMJ 2010; 340: c1672.

［ 6 ］ McCabe C, et al. Continuing the Multiple Sclerosis Risk Sharing Scheme Is Unjustified. BMJ 2010; 340: c1786.

［ 7 ］ Sudlow CL, Counsell CE. Problems With UK government's Risk Sharing Scheme for Assessing Drugs for Multiple Sclerosis. BMJ 2003; 326 (7385): 388–92.

［ 8 ］ Jaroslawski S, Toumi M. Design of Patient Access Schemes in the UK: Influence of Health Technology Assessment by the National Institute for Health and Clinical Excellence. Appl. Health Econ. Health Policy 2011; 9 (4): 209–15.

［ 9 ］ Carlson JJ, et al. Linking Payment to Health Outcomes: A Taxonomy and Examination of Performance-Based Reimbursement Schemes between Healthcare Payers and Manufacturers. Health Policy 2010; 96 (3): 179–90.

［ 10 ］ Grimm SE, et al. The HTA Risk Analysis Chart: Visualising the Need for and Potential Value of Managed Entry Agreements in Health Technology Assessment. Pharmacoeconomics 2017; 35 (12): 1287–96.

［ 11 ］ Vogler S, et al. How Can Pricing and Reimbursement Policies Improve Affordable Access to Medicines? Lessons Learned from European Countries. Appl. Health Econ. Health Policy 2017; 15 (3): 307–21.

［ 12 ］ Villa F, et al. Determinants of Price Negotiations for New Drugs. The Experience of the Italian Medicines Agency. Health Policy 2019; 123 (6): 595–600.

［ 13 ］ Tolley C, Palazzolo D. Managed Entry Agreements in UK, Italy and Spain. Value Health 2014; 17 (7): A449.

［ 14 ］ Sante CEP, Rapport D'Activite 2013. 2013: CEPS, HAS Online.

［ 15 ］ Babar ZU, et al., Patient Access to Medicines in Two Countries with Similar Health Systems and Differing Medicines Policies: Implications from a Comprehensive Literature Review. Res. Social Adm. Pharm. 2019; 15 (3): 231–43.

［ 16 ］ Ferrario A, et al. The Implementation of Managed Entry Agreements in Central and Eastern Europe: Findings and Implications. Pharmacoeconomics 2017; 35 (12): 1271–85.

［ 17 ］ Jaroslawski S, Toumi M. Market Access Agreements for Pharmaceuticals in Europe: Diversity of Approaches and Underlying Concepts. BMC Health Serv. Res. 2011; 11: 259.

［ 18 ］ AIFA. Progetto Cronos: i risultati dello studio osservazionale. 2004: Rome: Agenzia

Italiana del Farmaco.

[19]　Lucchi E, et al. A Qualitative Analysis of the Mini Mental State Examination on Alzheimer's Disease Patients Treated With Cholinesterase Inhibitors. Arch. Gerontol. Geriatr. Suppl. 2004; (9): 253–63.

[20]　AIFA. Protocollo di monitoraggio dei piani di trattamento farmacologico per la malattia di Alzheimer. 2000: Rome.

[21]　Adamski J, et al. Risk Sharing Arrangements for Pharmaceuticals: Potential Considerations and Recommendations for European Payers. BMC Health Serv. Res. 2010; 10: 153.

[22]　McCabe CJ, et al. Access with Evidence Development Schemes: A Framework for Description and Evaluation. Pharmacoeconomics 2010; 28 (2): 143–52.

[23]　Chilcott J, et al. Modelling the Cost Effectiveness of Interferon Beta and Glatiramer Acetate in the Management of Multiple Sclerosis. Commentary: Evaluating Disease Modifying Treatments in Multiple Sclerosis. BMJ 2003; 326 (7388): 522; discussion 522.

[24]　Health Service Circular HSC 2002/004. Cost Effective Provision of Disease Modifying Therapies for People With Multiple Sclerosis., D.o. Health, Editor. 2002, London: DoH.

[25]　NICE. List of patient access schemes approved as part of a NICE appraisal, 2010.

[26]　Towse A. Value Based Pricing, Research and Development, and Patient Access Schemes. Will the United Kingdom Get It Right or Wrong? Br. J. Clin. Pharmacol. 2010; 70 (3): 360–6.

[27]　Garrison LP Jr., et al. Performance-Based Risk-Sharing Arrangements-Good Practices for Design, Implementation, and Evaluation: Report of the ISPOR Good Practices for Performance-Based Risk-Sharing Arrangements Task Force. Value Health 2013; 16 (5): 703–19.

[28]　de Pouvourville G. Risk-Sharing Agreements for Innovative Drugs: A New Solution to Old Problems? Eur. J. Health Econ. 2006; 7 (3): 155–7.

[29]　Klemp M, et al. What Principles Should Govern the Use of Managed Entry Agreements? Int. J. Technol. Assess Health Care 2011; 27 (1): 77–83.

[30]　Bell K. First look at Simband, Samsung's health-tracking wear-able of the future. 2014. cited 2019; Available from: http:// mashable.com/2014/11/12/samsungs-simband.

[31]　Ingelheim B. New Collaboration with Healthrageous on a digital diabetes self-management program. 2012, Boehringer Ingelheim Online.

[32]　Times F. FT Global Pharmaceuticals and Biotechnology Conference 2014. Available from: https://live.ft.com/ Events/2014/FT-Global-Pharmaceuticals-and-Biotechnology-

Conference-2014.

[33] Dabbous M, et al. Managed Entry Agreements: Policy Analysis From the European Perspective. Value Health 2020; 23 (4): 425–33.

[34] Wesley T. Market Access Trends in Europe. Market Access by Region/Europe. 2018, Datamonitor Healthcare. Informa.

[35] Andersson E, et al. Risk Sharing in Managed Entry Agreements—A Review of the Swedish Experience. Health Policy 2020; 124 (4): 404 410.

[36] Bovenberg J, Penton H, Buyukkaramikli N. 10 Years of End-of-Life Criteria in the United Kingdom. Value Health 2021; 24 (5): 691–98.

[37] Pharmaphorum. Ultra-rare disease drugs: has access in England just got harder? 2017; Available from: https://pharma-phorum.com/views-and-analysis/ultra-rare-diseases-england/.

[38] CEPS. Rapport d'activité 2016. 2017; Available from: http:// solidarites-sante.gouv.fr/ IMG/pdf/rapport_annuel_2016_ medicaments.pdf.

[39] Møldrup C. No Cure, No Pay. BMJ (Clinical research ed.) 2005; 330 (7502): 1262–64.

[40] Carlson JJ, Chen S, Garrison LP Jr. Performance-Based Risk-Sharing Arrangements: An Updated International Review. Pharmacoeconomics 2017; 35 (10): 1063–72.

[41] Kleinke J, McGee N. Breaking the Bank: Three Financing Models for Addressing the Drug Innovation Cost Crisis. Am. Health Drug Benefits 2015; 8 (3): 118.

[42] Cutler D, et al. Insurance Switching and Mismatch between the Costs and Benefits of New Technologies. Am. J. Manag. Care 2017; 23 (12): 750–57.

[43] Rémuzat C, et al. Market Access Pathways for Cell Therapies in France. J. Mark Access Health Policy 2015; 3.

[44] Jørgensen J, Kefalas P. Annuity Payments can Increase Patient Access to Innovative Cell and Gene Therapies Under England's Net Budget Impact Test. J. Mark Access Health Policy 2017; 5 (1): 1355203.

2.1　定义

持续上升的医疗资源压力，以及新兴的昂贵创新疗法在获批上市时缺乏足够临床证据，给医保支付方和制药企业[1-3]均带来巨大的挑战。此外，对于已通过报销评估的药品，医保部门越来越难以推翻准入决议[4]。自2000年以来，欧洲药品管理局（European Medicines Agency，EMA）引入了新药审评上市的快速通道，例如特例批准、有条件批准、适应性批准（adaptive licensing，AL）、优先审评（priority medicine，PRIME）和其他途径[5-9]，以提升患者的药物可及性，其结果是临床证据不充分但预期价格极高的新药获批上市。因此，为了降低为"缺乏充分证据"药品[10-12]买单的支付风险，国家社保部门和制药行业之间达成的药品管理准入协议（MEAs）应运而生。尽管大家对特定的MEAs是否能实现其目标存在质疑[13-23]，但MEAs已在众多国家广泛开展实施，如意大利[24, 25]、英国[26]、法国[27]、澳大利亚、新西兰[13]、比利时、波兰和匈牙利[28]。

世界卫生组织（World Health Organization，WHO）和经济合作与发展组织（Organization for Economic Co-operation and Development，OECD）都认同MEAs在当今药品市场上的重要性，并对其定义加以更加宽泛的定义：

在特定情况下，制药企业与支付方/医疗服务提供方为了将某项新技术纳入医保报销而达成的支付协议（arrangement）。该协议促使双方可运用多种机制来解决新技术疗效不确定性的问题，或通过对新技术的管理，最大限度提高其有效利用率，或限制其对预算支出的影响[29]。

2.2　MEAs的分类及其对药品市场的影响

　　MEAs一般分为三种类型：基于财务的协议（FBAs）、基于疗效的协议（PBAs）、基于服务的协议（SBAs）[30-33]。图2.1展示了MEAs的定义和分类[34]。

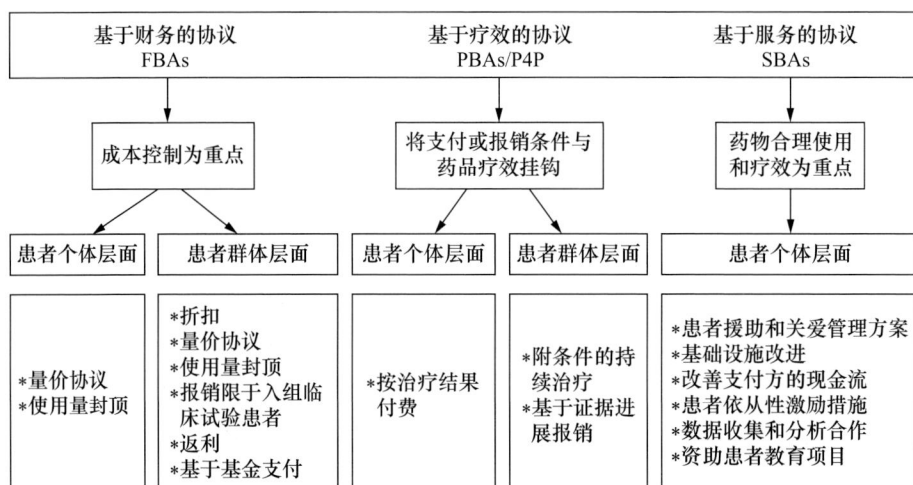

图2.1　MEAs的定义和分类

2.2.1　基于财务的协议

　　基于财务的协议指创新疗法的支付由企业和支付方共同承担。FBAs的目标是限制创新疗法成本，提高产品的可负担性[35]。该协议使用了多种方法，包括从简单的折扣到更复杂的使用量封顶（utilization caps），以及量价协议（price-volume agreements，PVAs）模式。对"用量封顶"模式而言，支付方只负责在特定时期内为该国一定数量的患者支付费用，额外产生的费用则由企业支付，或者支付方仅负责为某个患者的特定数量疗程付费，剩余疗程则由企业承担。简单的"返利‐折扣"模式是在FBAs多种方法中最容易操作的，也可以说是最能节省医保基金的方法[36-37]。

虽然成本控制是财务协议的主要目标，但英国、瑞典等国家是以"增量成本-效果比（incremental cost effectiveness ratio，ICER）"来辅助决策应将哪些药品纳入医保报销，财务协议可以通过降低高成本药品来实现成本效果比。重要的是，在财务协议下ICER值的经济性，是通过降低创新疗法的成本来实现，而不是通过获得额外的健康增量或提供新的疗效证据。

在过去几十年中，法国等其他国家医保部门和制药企业之间通过"量价挂钩"与预谈判（pre-negotiated）的方式，对创新疗法预先达成双方可接受的未来药品将面临逐步降价的协议［译者注：如谈判药品销售量超过与预先协商规定的使用量，则需要降价］。

虽然"量价协议"可为人口大国节省费用，但它不利于人口较少的国家［译者注：市场份额小影响谈判力度］，因为小国家最终可能为同样的创新疗法支付更高的价格[38-40]。此外，制药行业更愿意与市场利润丰厚、购买力强的欧洲成员国（European Member States，EMS）医保方达成财务协议。近期的一项研究表明，"量价协议"可能对收入低、人口较少的欧洲成员国（如保加利亚和罗马尼亚）产生不利影响[41]。因此，为了降低各国市场大小不均等导致的价格扭曲，一些欧洲成员国之间尝试建立联合药品采购体系，来提高医保支付方与企业的谈判能力[42-45]。

对支付方而言，虽然公开透明的价格折扣或基于国家购买力制定的公开透明的差异化定价可能是控制成本最直接的方式，但企业往往使用财务协议，约定对实际价格保密，避免披露公开标价（list price）与实际交易价格间的折扣幅度。采取这种保密降价的做法是避免国家之间通过"平行贸易（parallel trade）"来进行药品销售［译者注：从价格低的市场买进，在价格高的市场卖出］。这也可避免因外部参考定价（external reference price，ERP）体系而导致药品价格在国际市场不断走低（erosion of drug price）[12, 28, 38]。然而，由于财务协议价格保密的特点，欧洲不同国家之间实际上已经是同药不同价，谈判能力强的国家最终支付的净价格（net price，即实际支付价格）更低。遗憾的是，这些价格差异反映的是EMS成员国之间谈判力度的差异，而不是国家之间收入水平的差异。因此，在价格谈判时，规模小、收入低的欧洲成员国会处于劣势。尽管透明差异化定价可能是解决国家之间不同程度可负担性更为公平的解决方案，但它也可能导致平行进口（parallel import，即低买高卖）问题，从而导致药品价格较低的国家因药品出口而出现药品短缺问题[40, 46]。

除意大利外，大多数国家都倾向使用财务协议[22]。在实际操作中，MEAs通常结合下述两种协议（FBAs和PBAs）的优势。

2.2.2 基于疗效的协议

与财务协议相比，疗效协议直接关注创新疗法疗效的不确定性，将报销决策或药物支付与药品在临床实践中产生的临床结果/健康效益直接挂钩。支付方对疗效数据特别谨慎是因为新药临床试验不可能全面记录与患者健康相关的结果，替代终点往往成为临床研究主要指标的原因[47]。此外，如果这些临床试验开展时间过短或采用单臂研究设计，支付方很难将其疗效结果类推到医疗体系的实际临床实践中。

更重要的是，作为疗效协议的一部分，必须明确界定被评价的药品类型和评估时间节点。此外，疗效协议的设计需要选择高质量的参照品（quality benchmark）来评估疗效[30]。这样，支付方可以使用疗效协议生成的新证据，来降低临床疗效及成本效果的不确定性，以及对支付方产生的风险。

相较于财务协议，疗效协议更难实施[14, 22]。与财务协议类似，疗效协议可以根据接受治疗的群体患者（population）或个体患者（individual）进行设计。个体患者层面的疗效协议，也称为个体疗效协议（individual performance-based agreements，IPBAs），已被证明具有很大的挑战性。这是由于个体患者的随访需要很高的行政管理成本，加上真实世界临床实践中存在的各种混杂影响因素，使得药品有效性统计分析更加复杂。

值得关注的是，意大利是全球首个探索IPBAs支付协议的国家。自2006年以来，国家药品监管部门和卫生技术评估（HTA）机构——AIFA已投资数百万欧元，建立了一套关于创新疗法的真实世界临床随访的新系统，药品的报销通过专门的IPBAs系统进行操作。然而，由于上述提到的挑战，AIFA 机构从没有对外发布与 IPBAs 协议和信息系统有关药品疗效数据的专业严谨分析报告。此外，AIFA 也仅收回了不到总疗效协议投入的 5% 退款[17, 36]。

　　基于证据进展的报销（CED）是基于群体患者的 PBAs。在此协议下，支付方是否将一款创新疗法纳入报销范围，取决于企业能否提供缺失证据来说明疗效相关不确定性问题[48]。当 CED 协议到期后，支付方可以调整药品报销的条件，包括药品价格或报销比例。

　　虽然大多数国家认可 CED 的新颖性，但德国联邦联合委员会（Gemeinsamer Bundesausschuss，G-BA）对 20% 已经开展早期临床获益评估（early benefit assessment）的创新疗法，定期要求限时举证（time limited resolution，TLR）。然而，在大多数情况下，TLR 规定收集更多新证据的要求[49]其实已经体现在 EMA 对药品上市许可相应数据收集要求里。

　　CED 最致命的短板是在新证据产生的期间，支付方依然对药品支付高价格，即使最终结果显示收集到的证据不支持企业所宣称的附加价值，支付方也无法弥补已支付的成本。例如，2010 年至 2016 年，作为 CED 协议的一部分，英国国家医疗服务体系（NHS）单独为抗肿瘤药报销就支付了 12.7 亿英镑。备受争议的英国癌症药物基金（CDF），因过于优先考虑癌症药物支出而削弱了对整体 癌症临床路径管理的投入，导致项目未能达到预期结果[50-51]。为了改进方案，在 2016 年，CDF 本应该认识到 CED 的短板，并对那些证据尚不成熟但显示具有巨大潜在成本 - 效果优势的药品加以纳入 CDF 基金的限制。尽管如此 CDF 每年仍消耗 3.4 亿英镑，但其带来的社会价值亦不明确[52]。此外，CDF 将有限资源用于单一疾病领域或疗效未经充分证明的药物治疗，也会引发其他疾病患者对 CDF 基金公平性规则的质疑，因为有限基金用于一种疾病治疗，就意味着剥夺了其他疾病患者获得更有效药物治疗的机会。

　　法国的独特做法是在 CED 方案上附加了托管协议条款，即先将药品的销售收入存入一个指定的公共银行，然后基于 CED 的实施结果，再将托管基金转账支付给制药企业或医保支付方[30, 53-54]。

　　然而，CED 实施的不佳效果不仅限于英国。荷兰国家医疗保健研究所（Zorginstituut Nederland，ZIN）也先后实施了大量的 CED 项目[55-56]。遗憾的是，CED 为支付方带来的价值受到了质疑[57]。根据数据资料，仅有一项 CED 方案在协议规定时间内完成，其他已完成的 CED 方案中，只有不到一半提出了有可行性的建议。最令人惊讶的是，许多 CED 方案似乎背离了 CED 设计的初衷是以支付方提供证据为目标。例如，数据收集中存在许多不足之处，且这些方案未考虑支付方的最初建议[57]。因此，荷兰的支付方最终从 CED 转向了财务协议模式。

医保支付方是否要将创新疗法这类临床证据不足的药品纳入医保报销这一问题也非常棘手，但是这类疗法往往是患者通过一次性或短期给药[58]带来长期或终身效益。这种治疗结果证据生成具有长时间的特性，通过 CED 方案，将面临评估时间异常长久的问题，甚至做不到在一定时间范围内开展评估[59]。为了避免对这类产品采取不切实际的 CED，有人提出了基于个体患者持续治疗应答效果的分期付款模式[60]。基因治疗公司 Avexis 建议将该方法用于 Zolgensma® [译者注：获批用于治疗 2 岁以下 SMA 儿童患者，包括在诊断时尚未出现症状的患者]，把该药 200 余万美元的总价分为五次支付，即每次为 45 万美元。但该方案并没有赢得美国保险公司的积极支持[61]。相反，诺华公司与 AIFA 将药物支付与预先设定的分阶段药物疗效结果进行挂钩，就基因治疗药物 Kymriah® 达成了一项基于疗效结果的分期付款协议。

此外，一些专家提到了摊销（amortisation）的概念，即针对创新疗法的支付将根据患者在治疗期内使用医疗技术的获益进行分摊，同时治疗费用和成本将随着治疗时间累加而不断折旧。这些付款将按照预先确定的时间节点进行支付，并可能与某些特定疾病患者疗效或疗效里程碑目标挂钩。若患者疗效或里程碑未达到预先设定的目标，医保方将停止付款，并且将把进一步治疗的费用转移给制药企业来支付[62-66]。但是，由于创新疗法被视为可消耗品，因此根据通用的会计准则，它们需要先被认定为无形资产才能实现摊销。

尽管从原则上讲疗效协议应该关注真实世界中与患者治疗结局相关的结果指标，但实际上，在各国，这类协议通常基于替代性终点指标，因为支付方期望能够对药品疗效结果做出快速评估和决策[21, 40]。

2.2.3　基于服务的协议

患者服务历来被制药企业作为市场营销推广的工具而使用。然而，近年来，一些特别为支付方而设计的患者服务项目（如SBAs），成为MEAs框架下的一种新模式。SBAs服务协议涵盖企业提供的患者服务中心、患者/照护人员教育、患者监测、真实世界研究等服务项目，所有这些服务项目都与患者接受的新上市创新疗法的治疗结果相关[67-73]。

这些服务项目主要目的是帮助支付方解决创新疗法在治疗效果或使用方面的不确定性，或提升与创新疗法相关疗效结果，此外，患者照护、医疗系统需求或不足等方面在协议中也有所体现。但其发展背景可以追溯到美国责任医疗组织（affordable care organization，ACOs）的建立初期，即美国医保通过激励ACOs提高患者治疗效果。在这种情况下，服务协议通过确保创新疗法的合理使用，改善支付方、医疗专业人士和患者之间的沟通，以及收集相应数据等一系列服务，帮助ACOs实现目标[74, 75]。值得提及的是，这些患者服务项目在针对创新疗法等特定产品时能够影响支付方的态度，但当提供的患者服务与创新疗法无关时，则不太可能对医保支付决策产生影响。

这里，我们引用最近的一篇综述文章，该文章较好地总结了服务协议的类型[34]：

（1）基于多方利益相关者参与下的综合疾病管理服务。

（2）针对性服务内容，如疗效驱动服务、财务驱动服务和知识驱动服务。

（3）疗效驱动服务，如提高患者依从性的方案、远程患者监测、结果监测、支持医疗专业人员的临床决策等。

（4）财务驱动服务，如提供医疗机构外部/内部服务或专业人员，用于提升医疗服务和患者管理水平等。

（5）知识驱动服务，目的是增强医疗机构、患者或支付方的专业洞察力。

2.3　结论

在疗效证据不成熟的情况下被批准上市的昂贵创新疗法，通常因疗效数据外推存在高度不确定性而无法满足支付方设定的传统有效性及成本-效果评估标准。多数情况下，由于企业不愿降价，支付方又面临公众压力，为了确保患者能够及时获得治疗，双方就多种MEAs达成协议。简而言之，财务协议目标是降低支付方对创新疗法的净成本；疗效协议目标是解决创新疗法针对患者在实际临床治疗中不确定性风险；服务协议则支持医疗服务机构提供确保创新疗法的临床最佳治疗管理路径。所有类型的MEAs允许企业维持较高对外标价（list price），同时对实际净价的差别定价进行保密。

由于操作简单，财务协议可能依然是支付方最常使用的MEAs。在某些情况下，特别是在基础设施或利益相关方认知水平存在较大差距时，用服务协议补充或替代财务协议可能更好。与疗效协议的情况不同，服务协议的全部运营管理成本通常由制药企业承担，因此，该方案对支付方来说没有过高风险。此外，服务协议有可能对所有利益相关方带来最为直接的价值。然而，随着附条件批准和加速批准药品快速通道持续开放，创新疗法快速市场准入将成为常态，支付方也将继续面临药品价值不确定性的挑战。因此，支付方应坚持强调开展药品上市后的真实世界研究与评价的必要性。

然而，由于协议设计的复杂性、较高的管理成本负担和临床价值不确定性，因此，基于群体患者层面的CED疗效协议，只有在新药评估在相对短期内的情况下才具有可操作性。至于个体患者层面的疗效协议，则更适合对那些具有高治愈可能性，但价格十分昂贵的创新疗法，通过推动分期付款模式进行尝试。

参 考 文 献

[1]　Vella Bonanno P, Ermisch M, Godman B, Martin AP, Van Den Bergh J, Bezmelnitsyna L,

et al. Adaptive Pathways: Possible Next Steps for Payers in Preparation for Their Potential Implementation. Front Pharmacol. 2017; 8: 497.

［2］ Gronde TV, Uyl-de Groot CA, Pieters T. Addressing the Challenge of High-Priced Prescription Drugs in the Era of Precision Medicine: A Systematic Review of Drug Life Cycles, Therapeutic Drug Markets and Regulatory Frameworks. PloS One. 2017; 12 (8): e0182613.

［3］ Butcher A. Understanding Today's Drug Pricing Environment. Eur. Pharm. Rev. 2016; 21 (5): 3.

［4］ DiMasi JA. Price Trends for Prescription Pharmaceuticals: 1995–1999. Leavey Conference Center, Georgetown University, Washington DC: Tufts University, Department of Health and Human Services' Conferenceon Pharmaceutical Pricing Practices UaC; 2000 August 8–9, 2000. Available from: https://aspe.hhs. gov/price-trends-prescription-pharmaceuticals-1995-1999.

［5］ Agency EM. Adaptive Pathways Online EMA. 2018. Available from: https://www.ema. europa.eu/en/human-regulatory/research-development/adaptive-pathways.

［6］ Agency EM. Human Regulatory – Accelerated Assessment. 2018.

［7］ Agency EM. Human Regulatory – PRIME: Priority Medicines. 2019. Cited 2019. Available from: https://www.ema.europa.eu/ en/ human-regulator y/research-development/prime-priority-medicines.

［8］ Lipska I, Hoekman J, McAuslane N, Leufkens HG, Hovels AM. Does Conditional Approval for New Oncology Drugs in Europe Lead to Differences in Health Technology Assessment Decisions? Clin. Pharmacol. Ther. 2015; 98 (5): 489–91.

［9］ Bouvy JC, Sapede C, Garner S. Managed Entry Agreements for Pharmaceuticals in the Context of Adaptive Pathways in Europe. Front Pharmacol. 2018; 9 (280).

［10］ Carlson JJ, Sullivan SD, Garrison LP, Neumann PJ, Veenstra DL. Linking Payment to Health Outcomes: a Taxonomy and Examination of Performance-Based Reimbursement Schemes between Healthcare Payers and Manufacturers. Health Policy (Amsterdam, Netherlands). 2010; 96 (3): 179–90.

［11］ Grimm SE, Strong M, Brennan A, Wailoo AJ. The HTA Risk Analysis Chart: Visualising the Need for and Potential Value of Managed Entry Agreements in Health Technology Assessment. PharmacoEconomics. 2017; 35 (12): 1287–96.

［12］ Vogler S, Paris V, Ferrario A, Wirtz VJ, de Joncheere K, Schneider P, et al. How Can Pricing and Reimbursement Policies Improve Affordable Access to Medicines? Lessons

Learned from European Countries. Appl. Health Econ. Health Policy. 2017; 15 (3): 307–21.

[13] Babar ZU, Gammie T, Seyfoddin A, Hasan SS, Curley LE. Patient Access to Medicines in Two Countries with Similar Health Systems and Differing Medicines Policies: Implications from a Comprehensive Literature Review. Res. Soc. Admin. Pharm. 2019; 15 (3): 231–43.

[14] Rubenfire A. Pay-for-Performance Drug Pricing: Drugmakers Asked to Eat Costs When Products Don't Deliver: Modern Healthcare; 2016. Available from: https://www. modernhealthcare. com/article/20161210/MAGAZINE/312109949/pay-for-performance-drug-pricing-drugmakers-asked-to-eat-costs-when-products-don-t-deliver.

[15] Toumi M. Introduction to market access for pharmaceuticals. 2017. Boca Raton: CRC Press.

[16] Carlson JJ, Gries KS, Yeung K, Sullivan SD, Garrison LP Jr. Current Status and Trends in Performance-Based Risk-Sharing Arrangements between Healthcare Payers and Medical Product Manufacturers. Appl. Health Econ. Health Policy. 2014; 12 (3): 231–8.

[17] Navarria A, Drago V, Gozzo L, Longo L, Mansueto S, Pignataro G, et al. Do the Current Performance-Based Schemes in Italy Really Work? "Success fee": A Novel Measure for Cost-Containment of Drug Expenditure. Value Health: J. Int. Soc. Pharmacoecon. Outcomes Res. 2015; 18 (1): 131–6.

[18] Association DCotGM. Opinion on the "cost-sharing initiatives" and "risk-sharing agreements" between pharmaceutical manu-facturers and health and hospital. 2008. Available from: http:// www.akdae.de/Stellungnahmen/Weitere/20080508.pdf.

[19] Garrison LP Jr., Carlson JJ, Bajaj PS, Towse A, Neumann PJ, Sullivan SD, et al. Private Sector Risk-Sharing Agreements in the United States: Trends, Barriers, and Prospects. Am. J. Managed Care. 2015; 21 (9): 632–40.

[20] Faulkner SD, Lee M, Qin D, Morrell L, Xoxi E, Sammarco A, et al. Pricing and Reimbursement Experiences and Insights in the European Union and the United States: Lessons Learned to Approach Adaptive Payer Pathways. Clin. Pharmacol. Ther. 2016; 100 (6): 730–42.

[21] Toumi M, Jaroslawski S, Sawada T, Kornfeld A. The Use of Surrogate and Patient-Relevant Endpoints in Outcomes-Based Market Access Agreements: Current Debate. Appl. Health Econ. Health Policy. 2017; 15 (1): 5–11.

[22] Neumann PJ, Chambers JD, Simon F, Meckley LM. Risk-Sharing Arrangements That

Link Payment for Drugs to Health Outcomes Are Proving Hard to Implement. Health Affairs (Project Hope). 2011; 30 (12): 2329–37.

[23] Toumi MMM. Define Access Agreements: Pharmaceutical Market Europe; 2011. Available from: www.pmlive.com/ Europe.

[24] Villa F, Tutone M, Altamura G, Antignani S, Cangini A, Fortino I, et al. Determinants of Price Negotiations for New Drugs. The Experience of the Italian Medicines Agency. Health Policy (Amsterdam, Netherlands). 2019; 123 (6): 595–600.

[25] Tolley C, Palazzolo D. Managed Entry Agreements in UK, Italy And Spain. Value Health: J. Int. Soc. Pharmacoecon. Outcomes Res. 2014; 17 (7): A449.

[26] Jaroslawski S, Toumi M. Design of Patient Access Schemes in the UK: Influence of Health Technology Assessment by the National Institute for Health and Clinical Excellence. Appl. Health Econ. Health Policy. 2011; 9 (4): 209–15.

[27] Sante CEdPd. Rapport D'Activite 2013. CEPS, HAS Online; 2013. Available from: https://solidarites-sante.gouv.fr/IMG/pdf/ Rapport_d_activite_du_CEPS_en_2013_version_francaise_pdf.

[28] Ferrario A, Araja D, Bochenek T, Catic T, Danko D, Dimitrova M, et al. The Implementation of Managed Entry Agreements in Central and Eastern Europe: Findings and Implications. PharmacoEconomics. 2017; 35 (12): 1271–85.

[29] Europe WHO. Access to new medicines in Europe: technical review of policy initiatives and opportunities for collaboration and research, 2015.

[30] Garrison LP Jr., Towse A, Briggs A, de Pouvourville G, Grueger J, Mohr PE, et al. Performance-Based Risk-Sharing Arrangements-Good Practices for Design, Implementation, and Evaluation: Report of the ISPOR Good Practices for Performance-Based Risk-Sharing Arrangements Task Force. Value Health: J. Int. Soc. Pharmacoecon. Outcomes Res. 2013; 16 (5): 703–19.

[31] Bell K. First look at Simband, Samsung's health-tracking wear-able of the future Mashable Mashable, 2014. Available from: http://mashable.com/2014/11/12/samsungs-simband.

[32] New Collaboration with Healthrageous on a digital diabetes self-management program [press release]. Boehringer Ingelheim Online: Boehringer Ingelheim Online, 2012.

[33] Times F. FT global pharmaceuticals and biotechnology conference 2014 financial times live online. Available from: https://live.ft.com/Events/2014/FT-Global-Pharmaceuticals-and-Biotechnology-Conference-2014.

[34] Dabbous M, Chachoua L, Caban A, Toumi M. Managed Entry Agreements: Policy

Analysis from the European Perspective. Value Health. 2020; 23 (4): 425–33.

[35] Dunlop WCN, Staufer A, Levy P, Edwards GJ. Innovative Pharmaceutical Pricing Agreements in Five European Markets: A Survey of Stakeholder Attitudes and Experience. Health Policy (Amsterdam, Netherlands). 2018; 122 (5): 528–32.

[36] Garattini L, Curto A, van de Vooren K. Italian Risk-Sharing Agreements on Drugs: Are They Worthwhile? Eur. J. Health Econ. 2015; 16 (1): 1–3.

[37] Reuters. UK says Novartis, Bristol cancer drugs too costly Reuters Online: Reuters, 2010. Available from: https://www. reuters.com/article/britain-cancer/uk-says-novartis-bristol-cancer-drugs-too-costly-idUSLDE61718V20100209.

[38] Rémuzat C, Urbinati D, Mzoughi O, El Hammi E, Belgaied W, Toumi M. Overview of External Reference Pricing Systems in Europe. J. Market Access Health Policy. 2015; 3: 10.3402/jmahp. v3.27675.

[39] Polimeni G, Isgrò V, Aiello A, D'Ausilio A, D'Addetta, Cuzzocrea S, et al. Role of Clinical Pharmacist in Optimizing Reimbursement Originating from Performance-Based Risk-Sharing Arrangements: The Experience of the University Hospital "G. Martino" from Messina, Italy. Value Health. 2016; 19 (7): A756. Available from: https://www. valueinhealthjournal.com/article/ S1098-3015 (16)33705-6/fulltext.

[40] Jarosławski S, Toumi M. Market Access Agreements for Pharmaceuticals in Europe: Diversity of Approaches and Underlying Concepts. BMC Health Serv. Res. 2011; 11 (1): 259.

[41] Young KE, Soussi I, Toumi M. The Perverse Impact of External Reference Pricing (ERP): A Comparison of Orphan Drugs Affordability in 12 European Countries. A Call for Policy Change. J. Market Access Health Policy 2017; 5 (1): 1369817.

[42] Mawdsley J. European Union Armaments Policy: Options for Small States? Eur. Security 2008; 17 (2–3): 367–85.

[43] 2019 IPC. Abstracts from the 4th International PPRI Conference 2019: Medicines Access Challenge – The Value of Pricing and Reimbursement Policies. J. Pharm. Policy Pract. 2019; 12 (1): 34.

[44] Wyszehradzką WZLPG. Joint purchases of medicines by the Visegrad Group. SEJM Online: SEJM – Polish Government, Parliament, 2017. Available from: http:// www.sejm.gov.pl/ sejm8.nsf/komunikat.xsp?documentId=4C3BC93DB93BC5CD C125820B00362FFE.

[45] Pisarczyk K, Rémuzat C, Hajjeji B, Toumi M. PCP8 – Beneluxa Initiative: Why the First

Attempt of Joint Assessment Failed? Value Health 2018; 21: S83.

［46］ Kanavos P. Differences in Costs of and Access to Pharmaceutical Products in the EU. In: European Parliament Online, editor. Policies DGFI, Policy PDAEAS, European Parliament, 2011. p. 92. Available from: http://www.europarl. europa.eu/RegData/etudes/ etudes/join/2011/451481/IPOL-ENVI_ET (2011)451481_EN.pdf.

［47］ De Sola-Morales O, Volmer T, Mantovani L. Perspectives to Mitigate Payer Uncertainty in Health Technology Assessment of Novel Oncology Drugs. J. Market Access Health Policy. 2019; 7: 1562861.

［48］ Garrison LP Jr., Carlson JJ, editor ISPOR short course 2014. ISPOR 2014; 2014: ISPOR.

［49］ Fortuna G. New drugs: how much are governments paying for innovation? EURACTIV Online: EURACTIV, 2018. Available from: https://www.euractiv.com/section/health-consumers/news/ new-drugs-how-much-are-governments-paying-for-innovation/.

［50］ Aggarwal A, Fojo T, Chamberlain C, Davis C, Sullivan R. Do Patient Access Schemes for High-Cost Cancer Drugs Deliver Value to Society?-Lessons from the NHS Cancer Drugs Fund. Ann. Oncol. Off. J. Eur. Soc. Med. Oncol. 2017; 28 (8): 1738–50.

［51］ Boseley S. Cancer Drugs Fund condemned as expensive and ineffective Treatments approved by David Cameron's scheme were not worth money, extended life very little and often had adverse side-effects, study finds The Guardian Online: The Guardian, 2017. Available from: https://www.theguardian. com/science/2017/apr/28/cancer-drugs-fund-condemned-as-expensive-and-ineffective.

［52］ Hawkes N. New Cancer Drugs Fund Keeps Within £340m a Year Budget. BMJ. 2018; 360: k461.

［53］ Martelli N, van den Brink H, Borget I. New French Coverage with Evidence Development for Innovative Medical Devices: Improvements and Unresolved Issues. Value Health J. Int. Soc. Pharm. Outcomes Res. 2016; 19 (1): 17–9.

［54］ Whalen J. Europe's Drug Insurers Try Pay-for-Performance the Wall Street Journal Online: The Wall Street Journal, 2007. Available from: https://www.wsj.com/articles/ SB119214458748 556634.

［55］ Nederland Z. Summary of recommendations by Zorginstituut Nederland dated 8 July 2016. Zorginstituut Nederland Online: Zorginstituut Nederland, 2016. Available from: https://english. zorginstituutnederland.nl/publications/reports/2016/07/08/ fingolimod-gilenya.

［56］ Nederland Z. Voorwaardelijke toelating/financiering van zorg. Zorginstituut

Nederland Online: Zorginstituut Nederland, 2012. Available from: https://www. zorginstituutnederland.nl/ over-ons/werkwijzen-en-procedures/adviseren-over-en-verduidelijken-van-het-basispakket-aan-zorg/beoordeling-voor-voorwaardelijke-toelating-van-zorg.

[57] Makady A, van Veelen A, de Boer A, Hillege JL, Klungel O, Goettsch W. Implementing Managed Entry Agreements in Practice: The Dutch Reality Check. Value Health. 2017; 20 (9): A702.

[58] Remuzat C, Toumi M, Jorgensen J, Kefalas P. Market Access Pathways for Cell Therapies in France. J. Mark Access Health Policy. 2015; 3.

[59] Barlow JF, Yang M, Teagarden JR. Are Payers Ready, Willing, and Able to Provide Access to New Durable Gene Therapies? Value Health J. Int. Soc. Pharm. Outcomes Res. 2019; 22 (6): 642–7.

[60] Jorgensen J, Kefalas P. Annuity Payments can Increase Patient Access to Innovative Cell and Gene Therapies Under England's Net Budget Impact Test. J. Mark Access Health Policy. 2017; 5 (1): 1355203.

[61] Cohen J. At Over $2 Million Zolgensma Is The World's Most Expensive Therapy, Yet Relatively Cost-Effective Forbes Online: Forbes, 2019. Available from: https://www. forbes.com/ sites/joshuacohen/2019/06/05/at-over-2-million-zolgensma- is-the-worlds-most-expensive-therapy-yet-relatively-cost-effective/#158d8d2c45f5.

[62] Alton GH, Calcoen D, Gottlieb S, Mcclellan MB, Mendelson D. How Will We Pay for the Cost of Cures? Opening Discussion: Improving the Critical Path for Developing Cures. American Enterprise Institute Online: American Enterprise Institute, 2014. Available from: https://www.aei.org/wp-content/uploads/2014/ 07/-cost-of-cures_154738513625.pdf.

[63] Gottlieb SCT. Establishing new payment provisions for the high cost of curing disease. American Enterprise Institute Online: American Enterprise Institute; 2014 July 2014. Available from: https://pdfs.semanticscholar.org/4524/935a42720cfe57e28f1e53 9ef2066f909126.pdf.

[64] Vogler S, Paris V, Panteli D. European Observatory Policy Briefs. In: Richardson E, Palm W, Mossialos E, editors. Ensuring access to medicines: How to redesign pricing, reimburse-ment and procurement? Copenhagen (Denmark): European Observatory on Health Systems and Policies (c) World Health Organization 2018 (acting as the host organization for, and secretariat of, the European Observatory on Health Systems and Policies). 2018.

［65］ Kleinke JD, McGee N. Breaking the Bank: Three Financing Models for Addressing the Drug Innovation Cost Crisis. Am. Health Drug Benefits. 2015; 8 (3): 118–26.

［66］ Hettle R, Corbett M, Hinde S, Hodgson R, Jones-Diette J, Woolacott N, et al. The Assessment and Appraisal of Regenerative Medicines and Cell Therapy Products: An Exploration of Methods for Review, Economic Evaluation and Appraisal. Health Technol. Assessment (Winchester, England). 2017; 21 (7): 1–204.

［67］ AHIP. Issue Brief – Specialty Drugs: Issues and Challenges, 2015. Available from: https://www.ahip.org/Workarea/DownloadAsset. aspx?id=2147496213.

［68］ Brook RACJ, Smeeding JE. Management of Specialty Drugs, Specialty Pharmacies and Biosimilars in the United States. J. Manag. Care Specialty Pharm. 2018; 24 (4-a): s101. Available from: http://tpg-nprt.com/portfolio-items/management-specialty-drugs-specialty-pharmacies-biosimilars-united-states/ #iLightbox[gallery732]/null.

［69］ Brook RA. Specialty Pharmaceuticals and the Quest for Better Outcomes. J. Med. Econ. 2016; 19 (1): 63–9.

［70］ Joachim AC, Kim J, Vranek K, Mattingly TJ Ⅱ. Why Are Specialty Pharmaceuticals So Special? American Society of Health-Systems Pharmacists Midyear Clinical Meeting, Las Vegas, Nevada, December 6, 2016.

［71］ Senior M. Digital Health Is Changing Health Care. Is it Changing Pharma? 2014. Available from: https://invivo.pharmaintelligence. informa.com/IV004232/Digital-Health-Is-Changing-Health- Care-Is-it-Changing-Pharma.

［72］ Merck's WD. "Beyond The Pill" Bet, Vree Health, Goes Commercial, 2013. Available from: https://invivo.pharmaintell igence.informa.com/IV004113/Mercks-Beyond-The-Pill-Bet-Vree-Health-Goes-Commercial.

［73］ B. D. Humana Bought Healthrageous to Build Out Vitality, 2013. Available from: http://mobihealthnews.com/26099/ humanabought-healthrageous-to-build-out-vitality/.

［74］ Stern D. Benefit Design Innovations to Manage Specialty Pharmaceuticals. J. Managed Care Pharm. 2008; 14 (4 Suppl): S12–6.

［75］ Patel BN, Audet PR. A Review of Approaches for the Management of Specialty Pharmaceuticals in the United States. PharmacoEconomics. 2014; 32 (11): 1105–14.

第3章
意大利从基于证据进展的报销协议到基于个体疗效的报销协议

3.1　CRONOS项目

意大利是较早采用基于疗效的支付协议（PBAs）的国家。最著名的PBAs案例之一是意大利于2000年10月启动的一个国家级项目——CRONOS项目[1]。AIFA开发了这个PBA项目，旨在为政府决策提供疗效证据，以支持将治疗阿尔茨海默病（AD）的乙酰胆碱酯酶抑制剂[ChEI，包括多奈哌齐（donepezil）、卡巴拉汀（rivastigmine）和加兰他敏（galantamine）]纳入医保报销范围，但这在当时受到了一些批评[2]。AD是一种进行性神经退行性疾病（progressive neurodegenerative disorder），其会导致患者认知功能（cognitive functioning）退化、行为/情绪出现问题以及独立生活能力下降。AD约占所有老年痴呆（dementia）病例的50%，而且其患病率在65岁及以上人群中增长很快[3]。

在CRONOS项目启动之前，意大利曾开展过几项随机、安慰剂对照的临床试验，这些试验结果已一致证实ChEI具有改善AD患者整体认知（global cognition）的作用，显示出临床价值。与接受安慰剂的患者相比，ChEI治疗可以使患者的认知衰退延迟6～12个月[4]。但是，这些研究采用整体认知功能作为疗效结果指标，在ChEI获批上市时，其对多个认知领域的具体疗效并不明确[4]。此外，在临床试验结束后，持续使用ChEI治疗对认知的影响也尚不确定。同时，一些患者能否从治疗中获得更好的治疗效果，以及在受控环境下的临床试验结果能否外推到意大利的其他临床实践中也均无定论。因此，启动CRONOS项目的必要性是评估ChEI在真实临床实践中的有效性，收集更多关于患者治疗后认知功能改善的定性方面数据，并评估这些药物超出临床试验设计的时间窗口之外，更长期的药物有效性证据[4]。正如CRONOS项目的科研协调人在信函中所解释的，"注册前试验（解释性试验，explanatory trials）总是以最短时间和最少数量的患者来观察结果"，因此，"国家卫生当局应将跟踪药品在真实世界的使用与效果作为强制性的要求"[5]。然而，这种观点显然忽视了一个事实，即药监部门对药品上市后的监测是为了确保该药在日常临床使用中依然保持有利的获益/风险比值，而基于证据进展的报销（CED）通常是由于创新疗法高昂价格和医保基金影响甚大等因素所驱动。因此，如下所述，除了收集新的临床试验和患者安全数据外，CRONOS项目规定意大利医保对经过4个月治疗后依然没有疗效的患者不予报销。而且，一旦研究发现参与队列研究的整体患者有效性结果显示不支持临床试验结果，CRONOS项目允许医保部门撤销先前的报销决定。

为了实现这些目标，CRONOS项目设定从AD患者队列中收集和分析经明确界定的健康结果数据。重要的是，意大利通过此项目成立了阿尔茨海默病评估专项部门（Special Units of Evaluation for Alzheimer）。该部门主要负责AD药物在4个月试用期后的疗效结果评估，以及后续每6个月进行一次的疗效随访跟踪（图3.1）[3]。该项目在全国范围内筛选了5 462名有典型症状的AD患者，开展了为期两年的研究[2]。

参与CRONOS项目的患者必须满足两项条件：①接受精神状态评估简易测试（mini mental state examination，MMSE），并且得分在10～26分之间；②未曾接受过ChEI治疗[6]。入组患者须接受全面的老年医学评估，包括扩展神经心理学评估（extended neuropsychological evaluation）、脑部计算机断层扫描（computerized tomography，CT）和/或磁共振成像（magnetic resonance imaging，MRI）扫描（图3.1）[6]。此外，评估时采用MMSE量表评估患者整体认知状况，采用日常生活活动量表（activities of daily living，ADL）和工具性日常生活活动量表（instrumental activities of daily living，IADL）评估患者整体功能状况（global functional status）[6]。

如前所述，与企业签订的药品管理准入协议（MEAs）设定政府保险支付方只为经4个月治疗后有应答的患者报销药品费用，而无应答者（non-

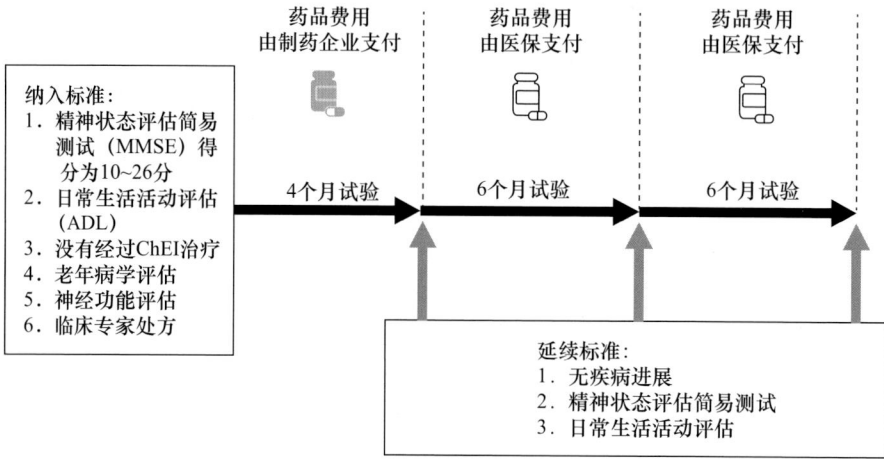

图3.1　CRONOS项目流程概览（该流程周期为2～6个月，治疗会一直持续至病情恶化为止）

responders）的药品费用则由企业自行承担（图3.1）[7-8]。然而，由于该协议的主要目标是从一组患者队列中获得关于真实世界健康结果（real-life health outcomes）的新证据，进而决定最终的报销方案。因此，CRONOS项目可以被归类为CED，而不是基于个体疗效的协议（IPBAs）。在最初的4个月试验期后，CRONOS项目每6个月对患者进行一次评估，直至其病情恶化［译者注：disease progression，病情恶化，证明该药无效就停药］。

　　因此，CRONOS项目的支付方案可以理解为CED和疗效担保（performance guarantee）两种支付方案的融合。这与英国的多发性硬化症（MS）药物报销的CED方案不同（见第4章），后者规定该药物先由英国国家医疗服务体系（NHS）以溢价纳入医保报销，一旦中期证据显示该药疗效欠佳，其价格就会被逐步下调。值得注意的是，由于项目设计不当和相关利益冲突，英国CED方案受到严重干扰，协议设计的MS治疗药物（β干扰素）的相应价格调整也并未如期开展。

　　之后基于CRONOS项目的患者数据，研究者已经先后发表了多项研究。一项研究指出，由于已知仅有部分AD患者对ChEI的治疗有应答，此研究探讨是否可以事先确定无应答患者，以避免患者接受后续不必要的治疗[4]。虽然这项研究无法确定无应答者的基线特征（baseline characteristics），但它得出了结论：在治疗的第3个月，通过分析一组特定的认知参数（defined cognitive variables），可以预测患者在第9个月时对治疗的应答情况[4]。此外，有一项研究对CRONOS项目的1 362名患者进行了9个月的随访，证实ChEI在真实世界中对AD患者的临床价值（real-life benefits）与前期临床试验中的临床价值基本一致[9]。此外，一项对66名AD患者进行了21个月的随访研究结果表明，虽然ChEI在治疗的前9个月产生了疗效，但此后MMSE量表评分呈现渐进性下降趋势，每年下降0.9～1.0分[3]。

2004年，AIFA基于这些分析得出结论，CRONOS项目提供了新的真实世界有效性数据，进一步佐证了医保决定对这些药物给予报销的正确性，纳入报销的同时，AIFA也对AD诊断和持续治疗增加了一些医保限制，如将药品处方权仅限于专科医生[2]。

然而，2020年，一份来自938名患者的CRONOS项目数据被用于比较该项目使用的三种ChEI药物［多奈哌齐donepezil（Aricept©）、加兰他敏galantamine（Reminyl©）和卡巴拉汀rivastigmine（Exelon©）］在治疗开始36周后的疗效[10]。此研究发现，在患者认知或功能评估的参数方面，这三种药物没有明显差异。但也得出结论，在36周时，所有药物治疗的患者的MMSE量表和阿尔茨海默病评估量表认知子量表（Alzheimer's Disease Assessment Scale-cognitive subscale，ADAS-cog）评分都没有改善。

虽然疗效不佳可能是因为患者服用的药物剂量不是最理想的，但是该研究揭示了在真实世界中，使用一定剂量的药物，一旦持续治疗较长时间，药物疗效会开始降低[10]。由于ChEIs是针对缓解症状的药物，而不是改善症状的治疗药物，所以其临床附加价值仅在治疗初期显现，而不会在长期治疗后保持。尽管患者的病情持续恶化，但由于缺乏未接受治疗的对照组数据，因此也无法评估患者服用ChEIs后疾病进展是否得到延缓。

意大利CED方案的其他药物实例还包括治疗慢性心绞痛的伊伐布雷定（ivabradine）[11]及治疗2型糖尿病的西格列汀（sitagliptin）、维格列汀（vilagliptin）和艾塞那肽（exenatide）[12, 13]。这类MEAs的目的主要是监测真实世界中药物的使用情况，并通过收集流行病学数据、新的疗效及药物安全性数据，支持意大利医保机构重新评估药品的定价和/或报销条件。意大利CED方案的实施局限于临床专科中心启动治疗（treatment initation）评估，并对临床实践、不良事件和因治疗失败而退出等情况进行监测[14]。

3.2 IPBAs 的兴起

对意大利医保支付方而言，仅为治疗有应答的患者付费似乎可比通过CRONOS项目收集药物在真实世界中的有效性证据带来更大的价值。因此，意大利医保支付方之后并未对完善CED模式做后续的投入，而是将重心转移到了更为创新的"基于个体疗效准入的协议（IPBAs）"。因此，在意大利，IPBAs 成为其他创新疗法获得"市场准入"（market access）不可绕开的必经路径。

自2006年起，AIFA已投入数百万欧元实施针对多种高价药品的IPBAs。IPBAs系统通过医院专科医生填写的在线处方表（online prescription forms）将患者纳入登记系统。同时，对患者进行持续跟踪，监测医生的处方合规性和药物疗效指标。患者入院登记表（patient intake forms）信息包括：患者病症是否满足该药获批适应证、临床疗效评估、流行病学数据等[15]。

截至2011年，有19项不同的MEAs在意大利全国开展，其中12项用于抗肿瘤药物。主要包括：厄洛替尼（erlotinib，2006年）、舒尼替尼（sunitinib，2006年）、索拉非尼（sorafenib，2006年获批用于晚期肾细胞癌，2008年获批用于肝癌）、达沙替尼（dasatinib，2007年）、贝伐珠单抗（bevacizumab，2008年）、来那度胺（lenalidomide，2008年）、替西罗莫司（temsirolimus，2008年）、硼替佐米（bortezomib，2009年）、西妥昔单抗（cetuximab，2009年）、拉帕替尼（lapatinib，2009年）、帕尼单抗（panitumumab，2009年）和曲贝替定（trabectedin，2009年）[16]。MEAs主要有固定折扣（fixed discounts）模式和（或）无应答患者退款模式。前者是在标价（list price）进行打折，支付方按折后金额付款给制药企业；后者是制药企业将对药物无应答患者的药费退款给支付方（均以每个患者为单位，退款比例参考药物成本的100%或50%）。虽然通过患者登记系统对每种药物的安全性和有效性进行了监测，但值得关注的是，这些协议并没有努力降低事先明确的某些疗效结果不确定性的风险，且登记系统的数据收集缺乏系统性，以及面临较高的各种偏倚风险[13]。例如，在该国的一些地区，只有50%的患者被纳入患者登记系统，因此，患者样本的选择上就存在偏倚[17]。

尽管AIFA在收集真实数据方面投入了大量资源，但是开发和管理这类患者登记系统的成本仍然被低估了[15]。并且，"AIFA迄今也没有发布过任何来自登记系统数据的相关临床结果"[15, 18-19]。尽管如此，IPBAs协议确实帮助医保仅为那些根据预先规定的疗效指标对治疗有应答的患者支付费用，并确保专科医生必须在彻底评估患者的用药资格后才能开具相关药物处方。

尽管IPBAs协议目标是解决支付方对药品价值的不确定性问题，但是其往往选择相对不确定、较为短期的替代指标（surrogate endpoints）作为评估的主要结局指标（primary endpoints）[20]。例如，在意大利的IPBAs协议中，肿瘤药物的有效性并非基于延长患者生存期的能力（ability to extend patients life）来评估，而是根据诸如肿瘤生物标志物（tumour biomarkers）所显示的患者短期无疾病进展（short-term disease-free progression）等替代指标。事实上，IPBAs患者登记系统中80%的药物评价是以替代指标为导向的[20]。我们的一项研究发现，IPBAs协议中的85.3%是基于替代指标，而替代指标在CED方案中则仅有4.6%[20-21]。

此外，虽然IPBAs协议可以为支付方节省成本，但其实际运行的结果却是令人失望的。例如，意大利的MEAs仅为AIFA收回项目相关药物总支出5%左右的资金[15, 18]。相比之下，瑞典的收回额则高达50%[22]。相较于IPBAs协议，简单的价格折扣才是医保节省成本的主要来源，而且后者在项目运营和信息收集方面更显经济性。此外，IPBA协议也加大了医院工作人员的负担。因此，医生并非总能保质保量地填写所需的患者信息表，医院的行政部门也无法处理好一些报销理赔[15, 18, 23-25]。

3.3 结论

CRONOS 项目是 CED 方案早期成功的实例之一，它通过提供全新的临床证据，为医保对药品报销和定价做出最终的决策提供帮助。此后，P4P 方案很快成为了意大利首选的 MEAs 协议模式。这既因为 P4P 可简化分析流程、无须对无偏倚的疗效数据进行额外的分析，同时又可更好地助力国家医保支付方仅为治疗应答患者进行持续付费。然而，当 P4P 方案日益普遍时，项目在实操层面面临的挑战也随之增大，在信息收集过程中容易产生大量的偏倚。

参 考 文 献

[1] Jaroslawski S, Toumi M. Market Access Agreements for Pharmaceuticals in Europe: Diversity of Approaches and Underlying Concepts. BMC Health Serv. Res. 2011; 11: 259.

[2] AIFA. Progetto Cronos: i risultati dello studio osservazionale. 2004: Rome.

[3] Fuschillo C, et al. Alzheimer's Disease and Acetylcholinesterase Inhibitor Agents: A Two-Year Longitudinal Study. Arch. Gerontol. Geriatr. Suppl. 2004 (9): 187–94.

[4] Lucchi E, et al. A Qualitative Analysis of the Mini Mental State Examination on Alzheimer's Disease Patients Treated With Cholinesterase Inhibitors. Arch. Gerontol. Geriatr. Suppl. 2004 (9): 253–63.

[5] Raschetti R, Maggini M, Vanacore N. Post-Marketing Studies: the Italian CRONOS Project. Int. J. Geriatr. Psychiatry 2003; 18 (10): 962; author reply 963.

[6] Mossello E, et al. Effectiveness and Safety of Cholinesterase Inhibitors in Elderly Subjects with Alzheimer's Disease: A "Real World" Study. Arch. Gerontol. Geriatr. Suppl. 2004 (9): 297–307.

[7] AIFA. Protocollo di monitoraggio dei piani di trattamento farmacologico per la malattia di Alzheimer. 2000: Rome.

[8] Adamski J, et al. Risk Sharing Arrangements for Pharmaceuticals: Potential Considerations and Recommendations for European Payers. BMC Health Serv. Res. 2010; 10: 153.

［9］ Bianchetti A, et al. Pharmacological Treatment of Alzheimer's Disease. Aging Clin. Exp. Res. 2006; 18 (2): 158–62.

［10］ Santoro A, et al. Effects of Donepezil, Galantamine and Rivastigmine in 938 Italian Patients With Alzheimer's Disease: A Prospective, Observational Study. CNS Drugs 2010; 24 (2): 163–76.

［11］ AIFA. La pratica clinica mette alla prova l'innovazione terapeu-tica: l'esempio "ivabradina". 2008: Rome.

［12］ AIFA. Incretine: il sistema di monitoraggio dell'AIFA. 2008.

［13］ Gallo PF, D. P. Pharmaceutical Risk-Sharing and Conditional Reimbursement in Italy. In: Central and Eastern European Society of Technology Assessment in Health Care (CEESTAHC), 2008.

［14］ AIFA. Criteri di valutazione per l'attribuzione del grado di innovazione terapeutica ai farmaci appartenenti a ciascuna delle tre classi della gravità della malattia bersaglio si considerano: la disponibilità di trattamenti preesistenti; l'entità dell'effetto terapeutico, 2007.

［15］ Garattini L, Curto A, van de Vooren K. Italian Risk-Sharing Agreements on Drugs: Are They Worthwhile? Eur. J. Health Econ. 2015; 16 (1): 1–3.

［16］ AIFA. Oncology registries. 2010.

［17］ Jommi C. Central and regional policies affecting drugs market access in Italy. 2010: Bocconi University.

［18］ Navarria A, et al. Do the Current Performance-Based Schemes in Italy Really Work? "Success Fee": A Novel Measure for Cost-Containment of Drug Expenditure. Value Health 2015; 18 (1): 131–6.

［19］ Garattini L, Curto A. Performance-Based Agreements in Italy: 'Trendy Outcomes' or Mere Illusions? PharmacoEconomics 2016; 34 (10): 967–69.

［20］ Toumi M, et al. The Use of Surrogate and Patient-Relevant Endpoints in Outcomes-Based Market Access Agreements: Current Debate. Appl. Health Econ. Health Policy 2017; 15 (1): 5–11.

［21］ Jarosławski S, Toumi M. Market Access Agreements for Pharmaceuticals in Europe: Diversity of Approaches and Underlying Concepts. BMC Health Serv. Res. 2011; 11 (1): 259.

［22］ Andersson E, et al. Risk Sharing in Managed Entry Agreements—A Review of the Swedish Experience. Health Policy 2020; 124 (4): 404–10.

［23］ Carlson JJ, et al. Current Status and Trends in Performance-Based Risk-Sharing

Arrangements Between Healthcare Payers and Medical Product Manufacturers. Appl. Health Econ. Health Policy 2014; 12 (3): 231–8.

[24] Association, D.C.o.t.G.M. Opinion on the "cost-sharing initia-tives" and "risk-sharing agreements" between pharmaceutical manufacturers and health and hospital, 2008.

[25] Polimeni G, et al. Role of Clinical Pharmacist in Optimizing Reimbursement Originating from Performance-Based Risk-Sharing Arrangements: The Experience of the University Hospital "G. Martino" from Messina, Italy. Value Health 2016; 19 (7): A756.

第 4 章

基于证据进展的报销方案——英国多发性硬化症药物"昂贵的失败"？

对于经卫生技术评估（HTA）后获得负面报销建议的药品，近年来，制药行业应对做法是通过药品管理准入协议（MEAs）与医保支付方进行药品谈判。采取MEAs通常可避免医保对药品采取基于标价（list price）的单纯降价，而是尝试将药品的价格与它的实际疗效挂钩。药品的临床疗效可以通过患者登记系统（patient registry）收集的总人群数据进行评估。因此，此做法被称为"基于证据进展的报销（CED）"方案。运用这种方法最著名的早期实例是于2002年在英国开展的多发性硬化症（MS）治疗药物的医保支付方案[1-3]。

1999年8月，英国卫生部（Department of Health，DH）和威尔士国民议会（National Assembly for Wales，NAW）要求英国国家卫生与临床优化研究院（NICE）对β干扰素（β-interferons）/醋酸格拉替雷（glatiramer）治疗MS的效果进行评估[4]。

我们在本章将梳理相关背景来阐述该方案的发展过程。在2000年年初，来自制药企业和医疗器械企业的代表，要求NICE将其做出的所有暂行评估决定（provisional appraisal determination，PAD）和其他评估文件作为机密材料保存，因为对外披露这些信息可能对企业的股价和患者的信心产生极大影响。

尽管如此，在2000年6月，英国媒体曝光了一份关于β-干扰素的PAD文件信息[5]。NICE对文件保密性未得到遵守表示失望。经核实后发现，收到PAD征求意见稿的某一方利益相关者（患者组织、制造企业或医疗专业人士）在知情的情况下将相关信息泄露给了媒体。

事实上，NICE评估认为"基于药品临床证据的谨慎考量后，这些β-干扰素所显示的微小临床获益（modest clinical benefit）似乎不足弥补药品本身非常高昂的费用"，因此，NICE建议，除了已经接受这些药物治疗的患者外，β-干扰素不应该被纳入国家医疗服务系统（NHS）的药品报销目录里[4]。

基于评估中，NICE认为企业模型所估算的成本-效果值，作为获得每一个质量调整生命年（QALY）所需的成本估算之间差异很大[6]，估算值可以从每QALY约1万英镑（某个企业内部保密估算）到每QALY超过300万英镑（美国研究小组估算）不等。此外，这些参数估算值对建模过程中所设定的假设非常敏感，包括疾病复发对生存质量和治疗周期长短的影响。NICE委员会认识到，模型中任何数据或所用估算方法的不准确，足以将2～5年的临床价值影响放大到10～20年，甚至更长时间。

NICE以20年治疗时限进行模拟时，得到的每QALY的成本（ICER）值范围为4.2万～9.8万英镑，当以5年治疗时限模拟时，ICER值则上升至78万英镑/QALY[7]。由于NICE将成本-效果阈值规定为每QALY的成本不超过3.5万英镑，一旦超过则不建议NHS纳入报销[8]，因此，基于疗效和成本-效果值的考量，NICE不推荐NHS使用β-干扰素用于治疗多发性硬化症（MS）。

2000年9月，多家机构对NICE作出的拒绝推荐多发性硬化症（MS）治疗药物的意见提出申诉，这些机构包括英国神经病学医师协会（Association of British Neurologists，ABN）、渤健公司（Biogen）、多发性硬化症研究小组（Multiple Sclerosis Research Group）、多发性硬化症研究慈善信托基金（Multiple Sclerosis Research Charitable Trust）、多发性硬化症学会（Multiple Sclerosis Society）、皇家护理学院神经病学联盟（Neurological Alliance Royal College of Nursing，RCN）、先灵（Schering）公司[9]。NICE成立了一个申诉专家组，该小组由研究所的三名NICE非执行董事（他们之前没有参与β-干扰素治疗MS的评估）和两名分别由患者组织和制药企业提名的成员组成。

申诉专家组支持申诉人提出的多个观点[9]。

第一，患者团体没有收到评估委员会关于提名患者代表向评估委员会陈述的邀请函。因此，NICE评估委员会不能准确评估患者对该药物的临床需求程度。

第二，NICE 评估委员会未能对其结论的依据给予解释，即与其他治疗选择进行比较，β-干扰素不具有成本 - 效果优势。

第三，尽管申诉专家组同意渤健公司的药物经济学评价模型不被采纳，但仍指出 NICE 委员会拒绝该模型的理由有悖常理，因为其暗指该模型假定了临床获益的累积。

此后，申诉专家组总结到，评估委员会在理解该治疗的长期潜在临床获益方面表现得异常，况且又允许已经接受治疗的患者继续治疗的决定缺乏充分解释。此外，独立开展 β-干扰素的评估，缺乏与 NHS 内的可替代治疗进行比较，因此其成本 - 效果评价缺乏可比较的依据。此外，NICE 的评估指南对 MRI 影像证据在评估早期复发缓解型 MS 疾病活动度（disease activity）的重要性所给予的权重不足。

德国先灵公司在申诉后提交了最新数据模型，但被 NICE 以方法学不当的理由拒绝。2002 年 12 月，NICE 开始委托开发新的经济学评价模型（economic models）。谢菲尔德大学的健康科学和相关研究学院（Sheffield School of Health and Related Research，ScHARR）及数学与统计系被选中与来自牛津大学、纽卡斯尔大学、诺丁汉大学和约克大学等多家大学的研究团队组成大学联盟开展研究[9]。

同时，多发性硬化症研究信托基金会，对该基金会有多发性硬化症疾病的会员患者发放调查问卷，收集最新数据[10]。该问卷调查包括以下内容：

> MS 的类型及症状；
> 疾病复发的次数；
> 是否存在认知方面的困难；
> 生存质量（quality of life，QoL）；
> 是否服用干扰素或醋酸格拉替雷。

醋酸格拉替雷（Glatiramer，Copaxone®）是一种新型的 MS 治疗药物，在 NICE 最初的推荐意见发布后，该药在英国获得了上市许可[9]。

问卷调查结果显示，疲劳会严重损伤 MS 患者的功能，而缓解病情的药物是否能改善疲劳，还需要进一步研究[10]。

为此，NICE委托的大学研究联盟在撰写的报告中将上述调查结果运用到了建模分析中[9]。研究者通过收集复发缓解型MS（relapsing remitting multiple sclerosis，RRMS）和继发性进展型MS（secondary progressive multiple sclerosis，SPMS）患者的数据，使用广义线性回归模型（generalized linear regression model），将EQ-5D量表的单项指数得分（single index score）作为判断MS患者功能的因变量（Y），将MS的类型、残疾状态、复发状态等作为自变量（X），来估算不同疾病状态下的效用值和疾病复发的效用值损失。但是，由企业递交给NICE评估委员会的健康效用值数据属于商业机密。

MS药物的关键性临床试验使用的临床扩展残疾状况量表评分（expanded disability status scale，EDSS）反映了以下几种疾病状态：

0分：神经系统检查正常。

1.0～3.5分：神经系统损伤可能对日常生活活动产生一定限制和影响。

4.0～5.5分：患者步行距离受限，不超过500米。

6.0～9.5分：随着病情的发展，患者需要使用移动辅助工具，如轮椅，最终卧床不起。

10分：因MS而死亡。

经估算折合后，EDSS状况0分和3.0分之间的差异，相当于患者的生存质量（QoL）降低了30%。当疾病状况从状态3.0分下降到状态7.0分时，患者生存质量也有类似比例的下降。最后，疾病状态10分和状态9.5分比死亡状况更糟糕，即患者的生存质量降到低于零。

基于这些学术模型，NICE在2001年8月发布了一份决定草案，建议卫生部与制药企业直接进行价格谈判[9]。然而，在2002年最终评估报告发布之前，双方并没有进行谈判并达成新价格。最终，新发布的NICE报告还是不推荐将β干扰素和醋酸格拉替雷纳入医保报销。

根据患者决策辅助机构（Patient Decision Aid，PDA）的估算，以模拟20年治疗时限，β干扰素和醋酸格拉替雷的每QALY成本可能为4万～9万英镑[9]。模拟10年或5年的治疗时限，药物成本将逐渐增高，β-干扰素和醋酸格拉替雷的每QALY成本分别显示为19万～42.5万英镑区间（10年）

及38万～78万英镑（5年）区间。以模拟20年治疗时限计算每QALY的成本时，该模型不得不假设药品临床价值是长期获益的，即所获益时间要比现有临床试验生成证据的时间要更长，因此，NICE给予结论是设定其假设的依据不足。

有趣的是，基于学术模型，通过把健康效用值代入EDSS，EDSS得分就可以转化成QALY[9]。然而，在多发性硬化症的特定情况下，虽然某些临床疗效指标（以自然单位衡量）可以反映出多发性硬化症对患者产生的具体影响，如"避免疾病复发次数"和"推迟疾病进展到对轮椅的依赖的时间"等临床疗效指标，但这些临床疗效指标无法体现两方面的影响，即患者疾病复发的影响（impacts on relapses）和对疾病进展的全面影响（full impact on disease progression）。因此，该模型忽略了β-干扰素在某些方面已经获得充分证实的临床价值。

因此，2001年11月，梯瓦（Teva）公司联合安万特（Aventis）公司、渤健（Biogen）公司联合先灵（Schering）公司、雪兰诺（Serono）公司、神经病学联盟、皇家护理学院、MS学会和MS信托基金向PDA提出第二次申诉。然而，这些申诉观点均未得到NICE的支持，最终在2002年2月，NICE还是发布了不推荐的建议[9]。

尽管如此，在2002年2月至5月，英国卫生部主动联系（engage）制药企业制定MEA协议，这样NHS可以考虑报销这些药物[9]。2002年，政府与四家多发性硬化症药物制药企业——先灵葆雅（Schering-Plough）、雪兰诺、梯瓦和渤健签署了CED协议。英国卫生部和制药企业之间的协议被称为MSRSS。根据MSRSS协议，这些药物将由NHS以与厂家谈判确定的溢价支付，但同时，该方案假定如果CED的实施结果显示出不利的证据，NHS则根据NICE使用的成本-效果模型为评估标准来下调药品价格[11]。需要指出的是MS患者的处方权仅限于（协议中）指定的神经学领域专家。

该CED协议还约定对约10 000名患者队列数据进行10年以上的跟踪研究，以评估其在Ⅲ期临床试验中观察到的临床价值是否也同样在[12]真实临床实践中存在。方案采用Kurtzke EDSS评分标准对患者进行评估，该评估采用的结果指标与临床试验的结果指标一致。重要的是，EDSS是一个基于临床判断和患者自我报告（patient self-reported）基本信息组成的、从主观角度测量残疾状况的量表[13]。然而，由于缺乏可靠数据来源，研究者选择将患者临床结果指标与1980年在加拿大开展的MS患者自然队列研究进行比较。但由于两项研究时间相差甚大，其研究结论值得商榷。

MSRSS监测研究（MSRSS-MS）项目由一个独立的学术研究小组负责，每3年进行一次数据分析。如果模拟20年，每QALY的增量成本可能会超过3.5万英镑/QALY，NICE可决定对药品进行降价或要求企业退款。也就是说，增量成本超过3.5万英镑/QALY的中期数据一旦生成，降价随即生效。

实际上，在CED方案中，明确说明醋酸格拉替雷和β干扰素可用于所有复发性MS的患者，以及那些以复发为主要临床特征、符合英国神经病学医师协会制定的标准的继发进展性MS患者。这也意味着企业提供给NHS的药物成本，由于患者数量增加而大大降低（表4.1）。

表4.1 NHS风险分担协议签约的价格

β-Interferons（药品名：β干扰素）	copaxone科帕松（药品名：醋酸格拉替雷）
Avonex（渤健）：	copaxone科帕松（梯瓦Teva/安万特Aventis）：
8 502英镑/年治疗费（原价9 061£：降价6.2%）	5 823英镑/年治疗费（原价6 650英镑：降价12.4%）
β-feron（Schering先灵）：	
7 260英镑/年治疗费（相同；没有降价）	
Rebif（Serono）：	
7 513或8 942英镑/年治疗费	
（原价9 088英镑或12 068英镑：降价17.3%）	

4.1 MS的CED方案实施

由于多个原因，MS治疗药物的CED支付模式上受到了严厉指责[14]，具体如下：

- **关于模型**
  - ✧ 基于EDSS评分的变化，难以全面评估患者生存质量和MS疾病自然进展对临床试验结果的影响。

✧ 对未来折现（future discounting）的假设，未考虑到硫唑嘌呤的成本。

✧ 未考虑到患者因副作用而提前停止治疗的情况。

✧ 研究中用于评估患者的EDSS量表偏主观。

■ **关于随访时间的长度**

✧ 项目的研究时长为十年，这期间将会有新的药物获批上市，可用于治疗MS患者。

■ **关于资金和行政管理**

✧ 初级保健信托基金基本上未获得额外的资金来资助MS药物。

✧ 医院未获得额外的资金用于更深入的后续咨询或填写必要项目管理表格。

✧ 管理该项目所需的基础设施投入不足，包括专科护士的配置。

✧ 需披露专家咨询组成员在研究中可能存在的既得利益冲突，并禁止参与该项目的学者在学术界公开场合讨论该项目。

实际上，对MSRSS-MS项目的监管由一家科学咨询小组（Scientific Advisory Group，SAG）负责，该小组由四家制药企业的代表、英国卫生部药品与工业理事会、MS研究慈善信托基金、独立学者以及负责数据收集和项目分析的学术团队总监等代表组成[8]。另外，该监管小组似乎有权禁止学者发表与该方案相关的研究结果，而且，未经MS研究慈善信托基金的许可，也不允许讨论与该项目相关的结果[4]。尽管MS患者的治疗效果不佳，但咨询科学小组成员对继续实施该方案依然保持兴趣，这不免引起人们对该方案的信息公开透明情况表示担忧[15-16]。事实上，在该方案运行的前7年，从来没有开展过任何价格审查工作（price review）[8]。

此外，MSRSS-MS由MS研究慈善信托基金管理，该组织对NICE的拒付结论提出了申诉。值得一提的是，MS研究慈善信托基金拥有通过CED方案所收集数据的所有权[4]。

MSRSS研究结果早期发表的文献报告："患者的基线特征和小部分有统计学意义显示微小疾病进展数据与之前开展的关键性临床研究（pivotal studies）的数据相符合"[17]。然而，他们也表示，对能改善MS症状的药物，目前基于成本-效益做出结论还为时尚早[4, 17]。

由于该方案评估结果的公布时间延迟了很久，而且几乎没有提供成本-效果证据，英国下议院卫生委员会认为该方案为NHS的一个"昂贵的失败（costly failure）"。因此，一项研究分析结果提示，财务的支付协议比临床结果的支付协议更可取[1]。

MS跨党派议会小组主席、国会议员James Gary批评了整个方案，认为其方法论基础、固有拖延和结论可信度都有问题。他指出"该方案有统计学和方法学上的致命缺陷，严重过时；它的药物处方理论与医学科学发展严重脱节，NICE关于MS药物风险分担的操作指南已经停滞不前；该方案不堪一击，无法修复，因此，任何有基本判断力的人都会呼吁废除它！"

英国卫生部长、国会议员Mike O'Brien说道，政府"把MS的治疗视为NHS重点工作事项"。但近两年的中期数据分析发现"对药物的成本-效果得出确切的结论还为时过早"，"科学顾问委员会目前正在研究论证几个重要的方法学问题，讨论这些问题将对今年下一步开展的数据分析带来更有意义的结果"。

此外，从患者视角来看，这项MEA也是一个失败案例。2004年，患者接受治疗的速度非常慢，符合条件的患者中有20%仍在等待专科医生接诊（图4.1）。只有8%的MS患者接受了改善病情（对症）的治疗。2007年，

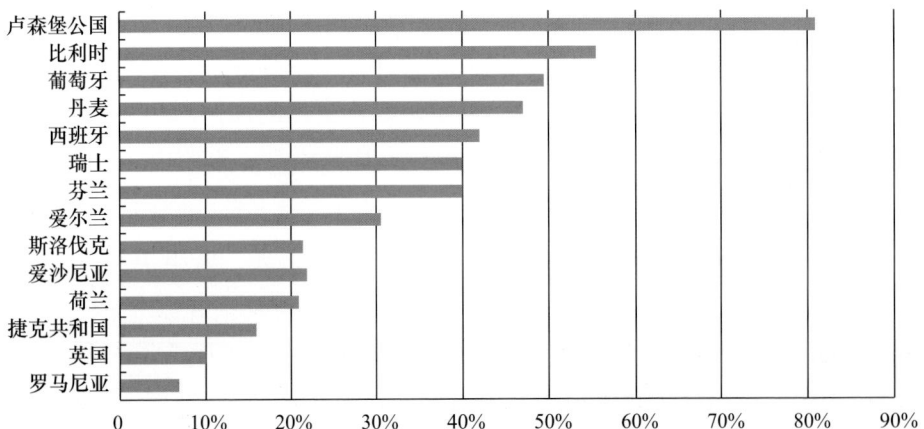

图4.1　2008年不同国家MS患者接受治疗的估计比例

英国只有11.5%的MS患者接受治疗，而在西欧国家有35%，在美国有50%。结果是，MS药物在英国的销售额与德国、法国、意大利和西班牙相比是最低的（图4.2）。

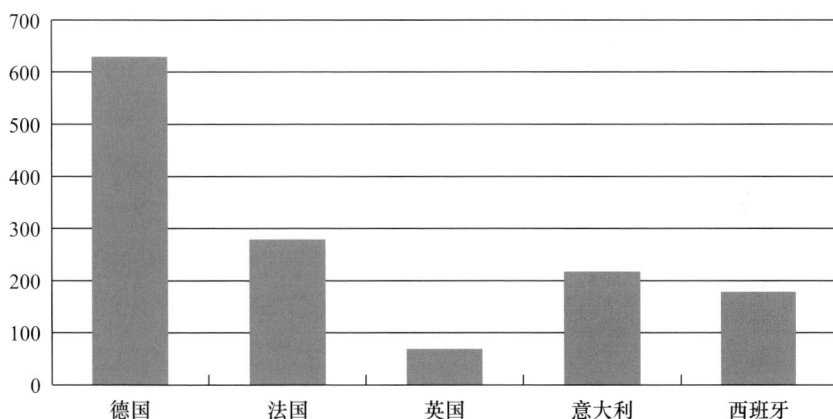

图4.2　英国MS药物的销售受到CED的影响

虽然一开始，MS方案是作为一项试点而设计的，但自那时起，NICE和卫生部先后签署了几十种不同类型的MEAs协议，其中大部分是基于财务的MEAs[18-19]。

2015年一项基于MSRSS的临床队列研究（采用自然史对照）表明，干扰素β与醋酸格拉替雷在6年随访期内兼具疗效与成本－效果优势[20-21]。然而，之后的系统评价和经济性评价的结论为：MS药物仅在治疗临床孤立的突发性疾病方面具有成本－效果优势，而在复发缓解型MS方面并没有成本－效果优势[22]。

4.2　其他国家HTA对MS药物的建议

英国拒绝MS药物报销的做法在西方国家中是少见的（表4.2）。尽管其他国家药品报销建议有时具有限制性且涉及直接降价，但与英国RSS体系相比，这些措施反而使患者获得了更好的MS药物可及性。

表4.2 HTA卫生经济学评估对多发性硬化（MS）药物的建议

药物	HAS（法国）	CADTH（加拿大）	INAMI（比利时）	CVZ（荷兰）	TLV（瑞典）	GENCAT（加泰罗尼亚）
科帕松（Teva/Aventis）	仅推荐用于RRMS（二线治疗方案）SMR：重要 ASMR：I级 报销65%	全面推荐 MTA（MS药物成本效益比较）：结果显示"差"。基于两年的分析数据，估计成本：每QALY 79万~100万美元	推荐级别 有限制条件的推荐（依靠回款收回成本最长需要13年）	仅推荐用于复发缓解型多发性硬化	预充式注射器未获批准（药企报价较标准剂型高出1.8%）	指南推荐使用
β干扰素粉针剂（渤健）	推荐用于RRMS SMR：重要 ASMR：I级 报销65%	全面推荐 MTA（MS药物成本效益比较）：结果显示"差"。这些药物对各种健康预期的改善费用比目前许多干预措施昂贵 基于两年的分析数据，估计成本：每QALY，Copaxonee, Avonexo, Bserone三种药物费用为79万~100万美元	推荐级别 有限制条件的推荐依靠回款收回成本最长需要13年 人均年均治疗成本=€10 938	不适用N/A，人均年治疗成本=€12 000	N/A	指南均推荐使用
Bferon Schering	推荐应用于RRMS，SPMS，SMR：重要 ASMR：V级 相对于Avonex：报销比例65%		公司同意1.4%的降幅 治疗成本为每人/年=€11 067	治疗费用每人/年=€10 100	N/A，不推荐	

续表

药物	HAS（法国）	CADTH（加拿大）	INAMI（比利时）	CVZ（荷兰）	TLV（瑞典）	GENCAT（加泰罗尼亚）
Rebif®（Serono 公司）	推荐用于 SPMS、RRMS SMR：重要 ASMR：Ⅰ级 报销比例65%，其中Rebif22，最具成本效果比		推荐在以下条件使用： 1）PAS-price患者可及性计划的优惠价格； 2）每名患者每年有一次免费治疗机会； 经过以上叠加打折后，每名患者每四周同的治疗费用为 €1 111，比第一个计划的治疗成本低了15.5%	N/A，不推荐	推荐使用，尤其有一种适用于多剂量的新型注射器只以老款"预充制剂"的价格售卖	

SMR（法语 Service Médical Rendu）实际临床获益（一种评级指标）

ASMR（法语 Amélioration du Service Médical Rendu）增量实际临床获益（一种评级指标）

RRMS（relapsing remitting multiple sclerosis）复发缓解型MS

SPMS secondary progressive Multiple sclerosis 继发进展型多发性硬化

RRMS relapsing remitting multiple sclerosis 复发缓解型多发性硬化

PAS-price patients acess scheme，PAS 患者可及性计划的优惠价格

4.3　结论

似乎对NHS而言，新型MS药物的临床价值确实存在不确定性，这种不确定性导致其ICER估计值的可信区间较宽。CED在英国的实施背景源于公众、媒体、患者和医护人员的共同诉求下的压力。因此，NHS要求制药企业以收集真实世界证据为条件决定是否支付MS药物治疗似乎是合情合理的。然而，该协议存在固有缺陷，CED的执行过程几乎没有机会提供任何相关的临床新证据。此外，NHS为了控制其药品预算影响，实施了治疗准入限制措施，也没有配置足够数量的神经科医生来为患者开药。相应导致结果是，制药企业为了规避CED支付模式的挑战，他们继续以高价在英国以外的其他重要市场销售这些药物。不幸的是，因CED而真正遭受到损失的是英国的MS患者，因为他们期望获得新药，但实际上却没有获得应有的最新药物治疗。

参 考 文 献

[1] Raftery J. Multiple Sclerosis Risk Sharing Scheme: A Costly Failure. BMJ 2010; 340: c1672.

[2] McCabe C, Chilcott J, Claxton K, et al. Continuing the Multiple Sclerosis Risk Sharing Scheme Is Unjustified. BMJ 2010; 340: c1786.

[3] Sudlow CL, Counsell CE. Problems with UK government's Risk Sharing Scheme for Assessing Drugs for Multiple Sclerosis. BMJ 2003; 326: 388–92.

[4] Pickin M, Cooper CL, Chater T, et al. The Multiple Sclerosis Risk Sharing Scheme Monitoring Study – Early Results and Lessons for the Future. BMC Neurol. 2009; 9: 1.

[5] UK NICE provisional "no" to beta interferon/glatiramer on NHS for MS The Pharma Letter, 2000.

[6] Excellence NIfC, Britain G. Beta interferon and glatiramer acetate for the treatment of multiple sclerosis. 2002: National Institute for Clinical Excellence.

［7］　Jaroslawski S, Toumi M. Market Access Agreements for Pharmaceuticals in Europe: Diversity of Approaches and Underlying Concepts. BMC Health Serv. Res. 2011; 11: 259.

［8］　McCabe CJ, Stafinski T, Edlin R, et al. Access with Evidence Development Schemes: A Framework for Description and Evaluation. Pharmacoeconomics 2010; 28: 143–52.

［9］　Multiple Technology Appraisal Beta interferon and glatiramer acetate for treating multiple sclerosis (review of TA32) [ID809] Committee papers. National Institute for Health and Care Excellence, 2017.

［10］　Hemmett L, Holmes J, Barnes M, et al. What Drives Quality of Life in Multiple Sclerosis? QJM 2004; 97: 671–6.

［11］　Chilcott J, McCabe C, Tappenden P, et al. Modelling the Cost Effectiveness of Interferon Beta and Glatiramer Acetate in the Management of Multiple Sclerosis. Commentary: Evaluating Disease Modifying Treatments in Multiple Sclerosis. BMJ 2003; 326: 522; discussion 22.

［12］　Health Service Circular HSC 2002/004. Cost effective provision of disease modifying therapies for people with multiple scle-rosis. In: Health Do, ed. London: DoH, 2002.

［13］　Kurtzke JF. Rating Neurologic Impairment in Multiple Sclerosis: An Expanded Disability Status Scale (EDSS). Neurology 1983; 33: 1444–52.

［14］　Adamski J, Godman B, Ofierska-Sujkowska G, et al. Risk Sharing Arrangements for Pharmaceuticals: Potential Considerations and Recommendations for European Payers. BMC Health Serv. Res. 2010; 10: 153.

［15］　Gibson SG, Lemmens T. Niche Markets and Evidence Assessment in Transition: A Critical Review of Proposed Drug Reforms. Med. Law Rev. 2014; 22: 200–20.

［16］　Michelsen S, Nachi S, Van Dyck W, et al. Barriers and Opportunities for Implementation of Outcome-Based Spread Payments for High-Cost, One-Shot Curative Therapies. Front Pharmacol. 2020; 11: 594446.

［17］　Boggild M, Palace J, Barton P, et al. Multiple Sclerosis Risk Sharing Scheme: Two Year Results of Clinical Cohort Study With Historical Comparator. BMJ 2009; 339: b4677.

［18］　NICE. List of patient access schemes approved as part of a NICE appraisal, 2010.

［19］　Towse A. Value Based Pricing, Research and Development, and Patient Access Schemes. Will the United Kingdom Get It Right or Wrong? Br. J. Clin. Pharmacol. 70: 360–6.

［20］　Palace J, Duddy M, Bregenzer T, et al. Effectiveness and Cost-Effectiveness of Interferon Beta and Glatiramer Acetate in the UK Multiple Sclerosis Risk Sharing Scheme at 6 Years: A Clinical Cohort Study With Natural History Comparator. Lancet Neurol. 2015;

14: 497–505.

[21] Palace J, Bregenzer T, Tremlett H, et al. UK Multiple Sclerosis Risk-Sharing Scheme: A New Natural History Dataset and an Improved Markov Model. BMJ Open 2014; 4: e004073.

[22] Melendez-Torres GJ, Auguste P, Armoiry X, et al. Clinical Effectiveness and Cost-Effectiveness of Beta-Interferon and Glatiramer Acetate for Treating Multiple Sclerosis: Systematic Review and Economic Evaluation. Health Technol. Assessment (Winchester, England). 2017; 21: 1–352.

在本章中，我们回顾了几个在创新协议方面具有丰富经验的市场中药品管理准入协议（MEAs）的实施情况。针对每个国家，我们讨论了它们既往和当前的MEA趋势，并以具有代表性的创新协议为例进行说明。最后，我们分析了在这些国家或地区实施MEAs的主要障碍和成功因素，对如何设计协议有需求和感兴趣的企业和支付方提供指导。此外，我们还尝试讨论了创新协议领域的未来趋势。

5.1　法国

经典的量价协议（PVAs）、回扣或预算上限是法国最常见的MEAs类型。虽然法国也有基于疗效的MEAs，但最普遍的创新支付协议包含基于证据（例如队列研究证据）进展的报销（CED），尤其是在肿瘤学领域。根据法国经济委员会（French Economic Committee，CEPS）的定义，基于疗效的协议包括两种情况：基于个体患者临床数据的协议或基于群体患者临床数据的协议。后者采用附条件溢价定价机制，即药品溢价需与透明委员会（Transparency Committee，TC）对实际疗效改善程度（ASMR评级）的动态再评估相挂钩。

PVAs也是由法国药品企业支付退款的最主要来源[1]。在所有MEAs协议条款之下生产企业向法国监管机构返还的10亿欧元中，PVAs相关的退款占41%。此外与日均治疗费用限额相关的退款占9%，其他基于财务的MEAs相关的退款占38%。仅有12%来自基于疗效的协议[1]。

如上所述，法国支付方不愿签署按疗效支付（P4P）协议。只有在基于财务的协议谈判失败的情况下，才会协商基于疗效的协议。对于ASMR评级为Ⅰ～Ⅲ级的高价药品而言，P4P协议的核心作用是在企业定价与疗效数据缺口之间构建风险共担的桥梁。

对于临床试验疗效显著但仅有短期疗效数据的创新药品，法国支付方不倾向重复既有模式。这类药品肯定需要在更长的时间范围内被评估，但CEPS更倾向于基于财务的协议，而不是基于长期健康产出的协议。

就MEAs的成功实施而言，创新产品（最好是具有新的作用机制且短期内疗效显著的产品），最适合法国的创新支付协议。因此，后者通常要求产品的疗效评级最低为ASMR Ⅲ。

此外，如果产品可以响应高度未满足的医疗需求，并且协议可解决长期有效性、成本‑效果或预算影响的不确定性，法国支付方则愿意签署创新MEAs。当协议明确定义了小众、特定的目标人群且当MEAs管理简单和高效时，创新协议成功签署的概率更高。然而，法国国家行业协会（Leem）也在提倡对创新药物的卫生技术评估（HTA）和定价采用更具可预测性和长期价值导向的新方法[2]。

最后，法国卫生高级权力机关（Haute Autorité de Santé，HAS）在其成本‑效果分析指南中定义了证据存在不确定性的三种情况：

（1）该企业未在可行的情况下生成正确的信息。

（2）该企业无法生成正确的证据，而且在合理的时间范围（3年）内也不可行。

（3）该公司无法生成正确的证据，但在合理的时间范围（3年）内是可行的。

在第一种情况下，HAS认为不适合采用CED，并且企业对缺乏适宜证据负有责任。因此，应由企业生成相关证据并重新申请报销。在第二种情况下，没有理由提出CED，企业和支付方均应该就产品价值达成一致。在第三种情况下，CED是合适的选择。

5.1.1　艾可拓®（吡格列酮）Actos®（Pioglitazone）和文迪雅®（罗格列酮）Avandia®（Rosiglitazone）治疗 2 型糖尿病的 CED/P4P 协议

在 2004 年，CEPS 要求艾可拓®和文迪雅®的制药企业——武田（Takeda）公司和葛兰素史克（GSK）公司在 2 型糖尿病患者中开展一项为期两年的真实世界研究，以解决这些治疗在现实生活中患者获益不确定性的问题。该研究深入调查了患者延迟转换到胰岛素治疗的情况，而药品溢价价格取决于研究结果。由于将研究结果纳入考量后，ASMR 再评估未显示出更高的获益，药品价格也就被下调[3-5]。

5.1.2　希敏佳®（培塞利珠单抗）Cimzia®（Certolizumab Pegol）治疗类风湿性关节炎的 P4P 协议

在竞争激烈的类风湿性关节炎治疗领域，为确保只为有疗效应答的患者付费，法国政府部门与优时比（UCB）公司在 2013 年就希敏佳®达成了 P4P 协议。企业同意退还在前 3 个月内中断治疗的患者的费用。该协议使该药品保持了高价，从而避免了遭遇竞争对手所经历的价格侵蚀[6-7]。

5.1.3　Imnovid®（Pomalidomide）治疗多发性骨髓瘤的 P4P 协议

在 2015 年，新基（Celgene）公司与 CEPS 就多发性骨髓瘤治疗药品 Imnovid®签署了 P4P 计划，这使得制药企业保持了最初未被支付方接受的较高价格。然而，新基公司必须为在 3 个治疗周期后没有疗效应答的每一位患者退款。新基公司建立了一个患者注册登记系统，用于收集真实世界中的安全性和有效性数据，并且每年由 CEPS 进行数据分析，以计算应得的退款[8-9]。

5.1.4　泰毕全®（达比加群酯）Pradaxa®（Dabigatran）、拜瑞妥®（利伐沙班）Xarelto®（Rivaroxaban）治疗心脑血管疾病的CED/P4P/PVA

在2012年，法国政府部门对泰毕全®和拜瑞妥®的适应证扩大导致的患者亚组人群实际获益和预算影响不确定性提出顾虑。因此，他们对这些药品签署了一份结合PVA的基于疗效结果的协议。该协议规定在两种主要的法国患者记录中进行收集亚组人群脑血管事件的真实世界数据，即"门诊报销医疗"（SNIIRAM）和"公立医院和私立医院住院"（PMSI）数据库。法国透明委员会（CT）在2016年对结果进行了重新评价，维持了两种药品的原始ASMR评级——V级。由于负面的再评估结果，药品价格被以保密折扣的形式下调[10-11]。

5.1.5　Risperdal Consta®（Risperidone）治疗精神分裂症的CED/P4P协议

在2005年，杨森（Janssen）公司和法国政府部门就精神分裂症治疗药品Risperdal Consta®签署了CED协议。杨森公司对1 800余名患者进行了为期一年的真实世界研究，评价了患者因急性精神分裂症发作而住院的次数。在研究期间，药品溢价和仿制药参比价格之间的差额作为医保资金存入法国存款与信托金库（Caisse des Depots et Consignations）。这笔资金将根据研究结果被转移到杨森公司或社会保障服务机构。CED研究表明，与其他治疗相比，住院率降低了34%。正面的真实世界研究结果为2010年HTA再评估中药品额外获益提供了支持，并且维持了最初的溢价，缴存的资金返还给了生产企业[4]。

5.1.6　Kymriah®（Tisagenlecleucel）治疗B细胞性急性淋巴母细胞白血病（Acute Lymphoblastic Leukaemia，ALL）和弥漫性大B细胞淋巴瘤（Diffuse Large B-Cell Lymphoma，DLBCL）的CED

在2019年，法国HAS对Kymriah®治疗的有效性、安全性和复杂性提出质疑，将该药品 ALL 适应症的 ASMR 等级评定为重要（important），DLBCL 适应症则评定为微小（minor）。为了解决这些疑问并进行 ASMR 年度再评估，该机构要求基于多个来源的数据进行 CED 研究，包括淋巴瘤学术研究组织（Lymphoma Academic Research Organisation，LYSARC）的国家 CAR-T 注册数据、正在进行的临床试验、上市后有效性研究以及通过早期准入计划（early benefit assessment，EBA）接受治疗的患者数据。其中多项数据被收集，包括28天、100天、6个月以及之后每6个月的关键疗效数据。2021年，该机构维持了原有的 ASMR 评级和药品报销级别[5, 12]。

5.2　德国

德国的大多数 MEAs 都是在2011年《医药行业改革法案》（*Pharmaceuticals Market Reorganisation Act*，AMNOG）出台之前签订的。该法律旨在限制药品成本的上涨，并要求生产企业在其新产品上市后接受联邦联合委员会（G-BA）的早期获益评估。如果未能证明与标准治疗相比有额外的获益，则将该药品分配到含有同类活性成分的参考定价组；如果没有合适的参考定价组，支付方（国家法定医疗保险基金协会，GKV-SV）会与生产企业协商还款率，以确保每年的治疗费用不高于其对照疗法。然而，如果证明有额外的健康获益，GKV-SV 会与生产企业协商一个在对照疗法价格之上的溢价。

在德国，必须区分在国家和地方疾病基金层面达成的 MEAs。国家层面的协议通常采用固定价（即每毫克药物的成本是固定的）或 PVAs——通常的形式是如果销售量达到阈值，则重新谈判价格。在国家层面，德国几乎没有签订任何基于疗效的协议。

此外，在地方疾病基金层面的协议包括在最初上市12个月内或之后签署的，在此期间药品定价是自由的，并且不受支付方控制。这些协议可以在与 AMNOG 谈判商定的协议之外签署。地方疾病基金通常只愿意参与那些能够影响医生处方行为并能带来额外费用节省的 MEAs。

在德国，基于疗效的协议的例子相对较少。然而，围绕创新协议的讨论非常激烈，尤其是在高定价的创新疗法（advanced therapy medicinal products，ATMPs）较多的背景下。考虑到德国医疗保健质量和效率研究院（Institut Für Qualität Und Wirtschaftlichkeit Im Gesundheitswesen，IQWiG）对真实世界证据收集的抵制，P4P更有可能朝着倾向于CED的方向发展。关于如何将协议药品的一次性预付款转向分期付款也存在争议，尤其是如果药品的有效性只能在很长一段时间后被评估。在建立高成本池（high-cost pool）风险分担机制后，各个疾病基金不再对分期付款协议感兴趣。

就创新药物的疗效结果而言，德国支付方基本上考虑了两种可能性。他们认为新的治疗药物要么是治愈性的（不需要后续治疗），要么具有中等健康获益（例如，阻止疾病进展）。然而，无进展生存期（progression-free survival，PFS）等替代指标，在非治愈性的情形下是不被接受的。

在地方层面，大多数疾病基金认为，以协会形式联盟并在国家层面签订合同是有利的，因为这可以强化他们的地位。有趣的是，德国保险公司Techniker Krankenkasse（TK）建议为ATMPs引入"动态证据定价"。该提案包括为期两年的监管定价期，随后根据收集的数据进行价格谈判。

从成功实施的MEAs角度来看，德国在AMNOG法案生效后仅签署并成功执行了两份P4P协议，另外两份协议已经由仲裁委员会进行评估。目前，支付方的主要关注点是创新疗法的MEAs。

在德国，MEA的发展面临一些可能的挑战，生产企业可能需要为基于疗效的协议搭建数据收集基础设施。此外，德国医学会提议，只有签订特殊协议的医生才纳入MEAs，并且由于MEAs的管理需要额外的工作，医生们也期望收取额外报酬。

德国HTA机构IQWiG非常重视随机临床试验（randomised clinical trials，RCT）的数据，因此上市后的数据收集或证据开发不太可能成为该国签约MEAs的要求。然而，为评估高度创新疗法的相对有效性（见第7章），德国G-BA最近开始要求收集这类药品的疗效比较数据。最后，根据以往MEA的经验，德国许多支付方认为开展MEA所承担的高昂行政负担相对其节省的费用是得不偿失。

5.2.1　Kymriah®（Tisangelecleucel）治疗B细胞ALL和DLBCL的P4P协议和折扣

Kymriah® 2019年的P4P协议是德国ATMPs的第一份MEA。该协议由诺华（Novartis）公司和GWQ ServicePlus签署，后者是一家涵盖50多家法定医疗保险公司的采购机构，这些保险公司为800万人投保。根据协议条款，疾病基金将收回每例在规定时间内（但具体时间保密）死亡的患者的部分治疗费用。此外，该基金还获得了企业给予的价格折扣。该协议最初仅适用至2019年9月中旬。在完成早期获益评估之后，该药物的报销机制已恢复为简单的保密折扣[13]。

5.2.2　Mavenclad®（Cladribine）治疗多发性硬化症的P4P协议和折扣

在2018年，G-BA根据临床试验数据判定，Mavenclad®在多发性硬化症（MS）上没有带来额外的获益。默克（Merck）公司和GWQ ServicePlus签署了P4P协议以解决药品在真实世界中的获益问题。默克公司将支付第3年和第4年治疗所需的额外治疗费用。同时，双方还经过谈判达成了起始价格基础上额外21%的折扣。该协议覆盖了多达650万名参保人。值得一提的是，根据协议条款，即使默克公司关于疗效的主张在项目期间得到证实，法定医疗保险机构仍能实现成本节约，这是因为使用Mavenclad®的年度治疗费用显著低于同类MS治疗药物[14]。

5.3　意大利

AIFA是欧洲签订MEAs最多的机构。截至2018年，AIFA批准了100项MEAs[15]。目前，意大利MEAs中最普遍的是单一药品折扣，其次是P4P协议（占除单一药品折扣外所有协议的50%）和财务协议（如成本分担和支付上限）。其中，成本分担协议包括第一个治疗周期由生产企业资助、后续周期由国家医保基金支付的协议。CEDs目前很少被采用，其主要应用于早期准入计划。

意大利转向以价格折扣为主的模式，主要源于按疗效支付协议在管理上的复杂性。此外，2006年至2012年，在意大利的CED和P4P协议约束下，制药企业必须返还的退款仅为其37亿欧元销售额的3.3%[17]。这一数字令意大利的支付方格外失望，因为那些非简单折扣的MEAs的行政管理负担往往很高。尽管如此，因折扣条款保密性引发的公众质疑越来越严重，P4P的协议数量可能仍会继续增长。实际上，2017年至2018年，意大利至少有7种抗肿瘤药物和几乎所有的罕见病药物均签约了基于疗效结果的MEAs[15]。

此外，由于患者群体规模的精确估算存在问题，意大利的支出封顶协议一直在减少。此外，支付封顶有时会导致制药企业倾向于向处方药前景更好且可实现快速付款的意大利富裕地区供货。但总体而言，意大利支付方是开放的，意大利是一个非常适合为ATMPs测试新的MEAs解决方案的国家。

在意大利，一旦医生处方工作被包含在MEAs协议中的患者用药管理时，医生必须填写复杂的患者服药表格来描述疾病和治疗结果。[15]。可以预测之后需要收集并分析更多的数据以服务于医生和医院。未来，在MEAs下收集的疗效数据将被分析用于评估特定药品的总体价值，并做出最终药品报销决定，同时这些MEAs也随之终止。尽管在数据收集方面作出了努力，目前开展这些分析并非易事。

从未来MEAs能够在意大利取得成功来看，其应该是从行政角度易于管理的方案。例如，P4P协议比价格折扣协议更难管理。如果要实施基于疗效结果的MEAs，监管机构、HTA机构和生产企业之间应在产品上市之前进行早期的对话，而不仅仅是在药品上市后再谈判协商结果[16]。此外，患者人群小且健康产出的随访时间短（如3~6个月）的治疗领域（如肿瘤），最适合使用创新协议。另外，应使用一个公认且具体的终点指标来让支付方清楚地了解药品疗效的治疗应答。例如，在肿瘤领域，PFS被普遍使用，同时也被意大利支付方所接受。此外，由于治疗缓解率取决于评估时间，选择一个适当的评估时限是至关重要的。AIFA通常根据RCT生产的证据确定该时间，并且评估时限的最终决定是与制药企业协商后确定的。

此外，在RCT中被证明疗效很高的药品更可能被纳入基于财务的MEAs，而不是基于疗效协议。AIFA针对慢性丙型肝炎感染的直接抗病毒产品签署的6项财务MEAs便是一个例子。鉴于这些药品的疗效很高，P4P协议不太可能为支付方带来显著的结余[15]。值得注意的是，通过PVA的方式，AIFA能够确保获得索华迪®（索磷布韦）在欧洲的最低价格——这是进入该治疗领域的第一款药品。

在意大利，MEAs的实施面临着一些已知的挑战，包括医生没有额外的时间来管理P4P协议。此外，AIFA的信息系统的用户体验并不理想，有时运行缓慢，又增加了用户负担。由于缺乏时间以及平台效率低下，医生们有时无法报告所有的治疗无应答患者。这一问题通过下文所述的艾思瑞®的"成功费"协议得到了部分解决，该协议规定仅在患者治疗成功后才向制药企业支付药品费用。

此外，医生无法从AIFA注册数据库中检索任何信息。因此，允许医院访问该数据库收集的数据可能会鼓励医生更多地参与数据收集。另外，在产品刚上市时，患者注册系统可能无法充分发挥作用，医生往往在纸质表格上收集数据，之后再将其输入信息系统。这会导致效率低下，并可能对注册系统的使用造成障碍。

5.3.1　安适利®（维布妥昔单抗）Adcetris®（Brentuximab Vedotin）治疗淋巴瘤的CED/P4P协议

2012年至2014年期间，AIFA采用了CED和P4P的组合协议，以解决武田（Takeda）公司的淋巴瘤药品安适利®的临床不确定性，同时保证了患者尽早用药。该协议框架设计接近于临床试验设计，协议条款包括对于每一个在前4个治疗周期出现疾病进展或不耐受的患者，企业需退款给支付方。此外，CED数据收集基于AIFA的监测注册系统，该系统为安适利®

建立了为期两年的药品注册登记数据库（drug product registry，DPR）。DPR追踪了患者的注册登记资格，根据其适应证监测药品的正确使用情况，并评价真实世界效果，也可以对患者的流行病学、药物安全性以及任何缺失信息的事后评价数据进行监测。之后，患者注册数据被AIFA用来与制药企业就PVA进行谈判协商定价，CED/P4P方案也随之终止[17-19]。

5.3.2　安理申®（多奈哌齐）Aricept®（donepezil）治疗阿尔茨海默病的P4P协议

在2012年，AIFA表达了关于真实世界中患者对辉瑞（Pfizer）公司的阿尔茨海默病治疗药物安理申®应答持久性的担忧。这一问题通过P4P协议得到了解决。患者疗效数据的收集基于AIFA的监测注册系统。相关支付方不必为6个月后认知状态无改善的无应答者支付费用。P4P方案可以让该药品在用于治疗轻中度阿尔茨海默病时获得正面报销决定并纳入A类报销[20-21]。

5.3.3　安维汀®（贝伐珠单抗）Avastin®（Bevacizumab）用于肿瘤多适应证的P4P协议及特定适应证定价

2011年和2013年，AIFA批准了多项MEAs以区分罗氏（Roche）公司的安维汀®在不同肿瘤适应证中的价格和价值。针对乳腺癌、结直肠癌、非小细胞肺癌和肾细胞癌，建立了使用不同疾病进展率的P4P方案。根据协议条款，对于治疗6周后无应答的所有患者，支付方将获得部分或全部药品费用的退费。另外，罗氏公司将免费提供继续治疗。此外，在卵巢上皮癌、输卵管癌或原发性腹膜癌中，罗氏公司将为在治疗的前8个月内因疾病进展或药物毒性而永久停止治疗的患者支付药品费用。因此，虽然安维汀®在7个肿瘤适应证中以单一价格报销，但针对每个适应证不同的P4P规则会导致用于每种癌症类型的实际医保支付费用不同[22]。

5.3.4　赫赛汀®（曲妥珠单抗）Herceptin®（Trastuzumab）和帕捷特®（帕妥珠单抗）Perjeta®（Pertuzumab）联合治疗乳腺癌的组合折扣

AIFA与罗氏公司就赫赛汀®和帕捷特®联合用药的组合折扣（a portfolio discount）进行了谈判协商，从而使帕捷特®能够于2013年在意大利获得报销资格。根据协议条款，与帕捷特®联合使用时，罗氏公司给予赫赛汀®50%的折扣。AIFA建立了一个注册数据库，以监测处方并管理该MEA。该MEA促进了帕捷特®在意大利临床实践中的应用[23-24]。

5.3.5　奥莱森®（西美瑞韦）Olysio®（Simeprevir）和Incivo®（Telaprevir）治疗丙肝的组合协议

为控制丙肝（hepatitis C virus，HCV）药物的预算影响，AIFA在2014年与杨森（Janssen-Cilag）公司就两款已上市的用于同一适应证的药物签署了组合协议（portfolio agreement）。MEA假定Incivo®（尚未达到先前谈判约定的24个月销售额封顶的医保目录内的一个药品）已经从目录中剔除，作为交换，支付方将节省的费用重新用于使用新型HCV药品奥莱森®进行治疗的新患者，且无须额外支付费用。重要的是，已接受Incivo®治疗的患者可以继续接受该药治疗[25]。

5.3.6　Strimvelis®（自体CD34⁺富集细胞分数）治疗腺苷脱氨酶缺失（ADA）导致的重症联合免疫缺陷的P4P协议

在2016年，在通过谈判获得了可观的50%标价折扣之后，AIFA与葛兰素史克（GSK）公司签署了Strimvelis®的P4P协议。AIFA的目标是将这种价值594 000欧元的疗法的长期未知获益风险最小化。尽管米兰仅有一家医院提供该治疗，但仍通过AIFA的监测注册系统监测用药情况。葛兰素史克同意向意大利卫生服务部门退还无应答患者的全部治疗费用。然而，由于五种剂量的Strimvelis®的销售额均低于预期，葛兰素史克公司将该药品出售给Orchard Therapeutics公司，该MEA也将于2018年终止[26-28]。但根据AIFA对MEAs情况的最新更新（2022年4月5日），该协议目前仍在实施中。

5.3.7 艾思瑞®（吡非尼酮）Esbriet®（Pirfenidone）治疗特发性肺纤维化的P4P协议

在2013年，AIFA与InterMune/罗氏公司针对其特发性肺纤维化治疗药物艾思瑞®签署了一份首创的MEA协议。与其他P4P协议不同，该公司免费向患者提供初始治疗药物，并且医保仅对艾思瑞®治疗开始6个月或出现治疗应答的患者给予报销。根据协议，由处方中心向企业证明治疗结果是否成功，并且有效的治疗结果认证会触发支付方的报销。但是，即使处方中心没有将治疗结果认证提供给企业，也可能会触发该患者药品费用的报销，这会导致效率低下并可能给支付方造成损失[17]。

5.3.8 Kymriah®（Tisagenlecleucel）治疗B细胞ALL和DLBCL的P4P协议

在2019年，出于对治疗结果的担忧，AIFA签署了Kymriah®的P4P协议。AIFA在基于网络的全国药品注册登记系统中收集并分析患者数据。根据该MEA协议，政府医保对每例患者的支付取决于治疗应答情况，并与随访时间点对应分为三期：基线、6个月和12个月。数据收集费用由制药企业承担，数据分析费用则由AIFA承担[12]。

5.4 荷兰

荷兰最常见的MEAs是基于财务的协议，包括单一药品折扣、产品组合折扣、PVAs和按人头计算的协议。基于财务的协议通常用于三种情况，包括价格高于平均水平或预计会对预算产生影响的药品、药品标价不合理且不可接受的药品，以及预计价格竞争有限的药品。到2020年，该国基于财务的协议数量已增至31项，为支付方节省了45.2%的成本。有趣的是，公开折扣节约超过2.16亿欧元，而保密折扣则节约超过3.71亿欧元[29]。

在荷兰，其他类型的协议较少，并且大多数是CED协议。然而，荷兰支付方对CED协议持谨慎态度，因为他们认为很难根据非随机观察性研究证明药品疗效。总体而言，MEAs可以由国家卫生部集中统一管理，也可以放权到保险公司或医院分别进行管理。此外，保险公司协会越来越希望参与MEAs谈判，因为他们对政府签署的协议并不满意。

作为控制预算的手段，他们可能会转向P4P协议。然而，在未来的荷兰模式中，支付方可能会评估药品组的整体成本－效果，而不是单个药品的成本－效果。

从成功实施MEAs的角度来看，短时间内在既定疗效终点上具有较好效果的产品最适合实施MEAs。这些产品包括用于患者生存期较短的癌症产品、某些基因疗法，以及针对小众且明确界定的患者群体的昂贵产品，如罕见病药物。然而，MEAs的类型应该由签订协议的目的决定，而不是由产品类型或治疗领域决定。例如，CED是一种减少临床试验结果不确定性的方法，而P4P则是一种减少关于这些结果在临床实践中可转化和可推广的不确定性的方法。此外，一个强大、组织有序的临床医生团队的参与也是荷兰MEA成功的关键因素。事实上，在MEAs生效期间，临床常规药品不太可能被支付方从报销目录中移除。相比之下，未成为常规治疗方案的药品在未来有被拒绝报销的风险。

从MEAs实施的潜在障碍角度来看，建立一个好用的患者注册登记数据库是一项复杂且昂贵的工作。因此，最好能够链接到现有的注册登记中心。然而，注册登记中心的患者往往入组缓慢且数量少，可能无法满足样本量的要求。

支付方会对收集到的数据质量进行认真检查。此外，支付方还需要事先开发一个稳健的统计分析程序。

最后，无论是集中方式还是分散方式，财务措施都需要符合年度预算。因此，人们倾向于达成简单的财务协议，以确保节省前期费用，而不是等待制药企业延期退还款项。

5.4.1　Imnovid®（Pomalidomide）治疗多发性骨髓瘤的P4P协议和折扣

为了避免对医院预算产生影响，在2016年，荷兰保险公司决定与新基（Celgene）公司签订一份Imnovid®治疗多发性骨髓瘤的P4P协议。新基公司同意退还无应答者的费用，此外还谈判协商了支付方针对应答者可享有的价格折扣。值得提及的是，在该协议的建立和执行过程中，医生的协作和强有力的支持非常重要[30]。

5.4.2　赫赛莱®（恩美曲妥珠单抗）Kadcyla®（Trastuzumab Emtansine）治疗乳腺癌的P4P协议

荷兰保险公司与罗氏公司签订了一份P4P协议，以解决赫赛莱®用于乳腺癌的真实世界获益不确定性和价格高昂问题。根据协议条款，罗氏公司将退还无应答患者的治疗费用，即那些在3个月内肿瘤未缩小的患者[31]。

5.4.3　美而赞®（阿糖苷酶α）Myozyme®（Alglucosidase α）治疗庞贝氏症的CED

由于美而赞®治疗庞贝氏症的高昂价格（每年40万至70万欧元）和其临床试验结果数据的不确定性，荷兰支付方授予该药品长达4年（2007—2011年）的附条件报销资格[32]。该CED协议中要求，在药品由支付方报销期间，制药企业需开展多项研究，即一项旨在评估美而赞®的临床使用、成本和疗效的观察性研究，一项针对非典型庞贝氏症患者的前瞻性研究，一项对非典型庞贝氏症患者的回顾性和前瞻性调查，以及一项前瞻的随机迟发性治疗研究（late-onset treatment study，LOTS）。尽管在精心设计的CED协议下得出了负面的成本-效果再评估结论，但由于巨大的公众压力，2013年美而赞®在荷兰仍维持了其在庞贝氏症治疗中的报销资格[32]。

5.4.4　瑞普佳®（阿加糖酶α）Replagal®（Agalsidase Alpha）治疗法布雷病的CED

瑞普佳®的CED协议与上述美而赞®的协议类似。然而，该协议计划让制药企业进行两项部分重叠的队列研究，即一项针对酶替代治疗患者的前瞻性研究并且治疗6个月后的一次随访研究，以及一项针对在并发症发作前开始酶替代治疗的有症状患者与自然史队列之间的回顾性比较分析研究。尽管药品的成本-效果未被该CED协议证明，但瑞普佳®在2012年被保留了其治疗法布雷病的报销资格[32]。

5.4.5　茁乐®（奥马珠单抗）Xolair®（Omalizumab）治疗哮喘和慢性荨麻疹的P4P协议

在2012年，荷兰支付方与诺华公司签署了茁乐®的P4P协议，理由是接受治疗的患者中缓解率仅为70%。根据协议，诺华公司同意退还未缓解患者前16周的治疗费用。是否缓解是通过胸部专科医生和患者达成一致的一组疗效指标来评价，包括前4个月治疗中的恶化次数和急诊次数、哮喘控制问卷（asthma control questionnaire）中的患者评分、1秒内的用力呼气量（forced expiratory volume）、糖皮质激素长期使用和患者报告健康结局。考虑到数据收集的范围，医生需要进行专门的培训和额外的时间来进行患者评估。尽管如此，据估计，该P4P协议每年将节省200万欧元，因此该协议被续签[33-34]。

5.4.6 诺西那生钠Spinraza®（Nusinersen）治疗脊髓性肌肉萎缩症（Spinal Muscular Atrophy，SMA）的CED

2020年，荷兰支付方得出结论，没有充分的数据来推断Spinraza®在9.5岁以上儿童中与未经治疗相比是否具有临床获益和成本-效果优势。荷兰委托第三方开展了一项为期7年的CED研究，以开展与历史患者注册登记数据比较的HTA再评估。多个疗效指标被收集到供专家中心临床医生使用的注册登记数据库中，每3～6个月收集一次每例患者的数据。该中心的一个研究小组每6个月对数据进行一次评估。数据收集和分析费用由制药企业承担[12]。

5.5 西班牙

西班牙的MEAs大多是在地方层面或与医疗机构团体/单个医院达成的。加泰罗尼亚是这方面最活跃的地区之一。到2015年，加泰罗尼亚医疗卫生管理局（CatSalut）已经针对10种药品进行谈判协商并签订了18个MEAs，主要涉及肿瘤和风湿病[35]。然而，各地方主导的MEAs已导致了全国范围内新疗法可及性的不平等问题，相关部门正在日益推进关于国家层面创新疗法准入协议的讨论[15]。但目前这些通道仅适用于罕见病药物和抗肿瘤药物，这些药品解决了重要的未满足医疗需求，适用于较小的患者群体，并会对预算产生重大影响[36-37]。2019年，当卫生部启用了国家注册登记系统Valtermed（https://www.sanidad.gob.es/profesionales/farmacia/valnamed/home.htm）时，情况发生了变化（Valtermed是一个公布了在国家层面实施的各项MEAs结果的信息系统）。如今，尽管地方层面的相关部门/医院可以各自签订MEAs，但拥有一个国家层面的疗效结果数据库将有助于集中管理协议的流程。

5.5.1 易瑞沙®（吉非替尼）Iressa®（Gefitinib）治疗非小细胞肺癌的 P4P 协议

2011年，CatSalut 和加泰罗尼亚肿瘤研究所（Catalan Institute of Oncology，ICO）与阿斯利康（AstraZeneca）公司签署了一项开创性的 P4P 协议，允许 ICO 采用易瑞沙®治疗 41 例肺癌患者。在第 8 周和第 16 周将评估患者的疾病进展情况，并且将保险报销与治疗结果挂钩[15, 38]。这种方法后来被作为新的治疗方案推广到其他医院。在接下来的几年里，一些其他抗肿瘤药物也签署了类似的协议，如用于结直肠癌的安维汀®（贝伐珠单抗）和用于结直肠癌的爱必妥®（西妥昔单抗）。

5.5.2 ChondroCelect®（自体软骨细胞疗法）治疗膝关节症状性软骨缺损的 P4P 协议和预算封顶

在 2013 年，Tigenix 公司与西班牙的国家支付方签订了 ChondroCelect®的 P4P 协议。根据该协议，对于在 3 年内因软骨缺损需要再次治疗的高水平运动员，生产企业将退还其治疗费用。并且，这些高水平运动员随后的第一次治疗是免费的，同时 200 名患者的总费用封顶为 2 万欧元。后因协议高度复杂且在公共卫生领域的重要性相对较小，该计划终止实施[39]。

5.5.3 希敏佳®（培塞利珠单抗）Cimzia®（Certolizumab Pegol）治疗类风湿性关节炎的 P4P 协议

2013 年的一项 P4P 协议要求，优时比公司资助那些接受希敏佳®治疗 12 周后未见改善的患者。尽管之前 P4P 协议在加泰罗尼亚取得了成功，但由于复杂的管理问题，该计划后来被价格折扣所取代[40-41]。

5.5.4 丙型肝炎药物的协议、预算和用量封顶

在2015年，西班牙制定了一项全国性的丙型肝炎药品计划，以覆盖西班牙一半以上的确诊人群。该计划涉及预算封顶、使用封顶、量价协议和风险分担协议。各社区将在3年内获得高达7.27亿欧元的医疗资金用于支付丙肝药物。通过该协议，政府要求确保其丙型肝炎药品价格为欧洲最低水平[42]。

5.5.5 索华迪®（索磷布韦）Sovaldi®（Sofosbuvir）治疗丙型肝炎的 P4P协议和预算上限

在2014年，西班牙国家支付方与吉利德公司签署了Sovaldi®的P4P协议，其中包括药品价格折扣和第一年1.25亿欧元的支出封顶。后续将根据临床实践的结果重新谈判协商药品价格[42]。

5.5.6 诺西那生钠Spinraza®（Nusinersen）治疗脊髓性肌肉萎缩 （SMA）的CED和折扣

在2018年，西班牙卫生部与渤健（Biogen）公司针对罕见病药物Spinraza®签署了首个全国范围的MEA协议。政府部门担心，该药品的临床获益尚未在最严重和最轻微SMA的患者中得到证实，并且在某些儿童群体中，治愈率仅为50%[37]。根据协议条款，Spinraza®的年度治疗费用将从治疗第一年的40万欧元降至此后每年20万欧元[37]。此外，该药品在真实世界中的有效性将在指定的注册中心进行评估，这些信息将为最终报销或不报销的决议提供支持[37]。

5.5.7 达必妥®（度普利尤单抗）Dupixent®（Dupilumab）治疗重 度特应性皮炎的CED

在2020年，西班牙卫生部签署了达必妥®治疗重度特应性皮炎的全国性

的CED协议。该药品获得了溢价，但报销范围仅限于符合严格定义为重度特应性皮炎的患者。此外，医生必须将每例患者纳入MEAs的全国Valtermed注册登记系统，填写治疗的启动、监测和停止的条件以及患者的疗效结果。缓解者被定义为在治疗第16周、第24周和第52周时符合严格临床标准的患者。此外，药品价格调整计划是在协议实施一年之后开展的，但当药品的当月销售额超过企业预先申报总额的10%时，也会触发价格调整机制。国家注册登记系统结果表明，该药品实际疗效优于临床试验结果，因此维持了溢价[44-45]。

5.6 瑞典

在瑞典，MEAs是在国家层面签署的，以防止出现地区间准入的不平等。然而，也允许地区政府与制药企业讨论所谓的"附带协议"，但必须由企业方发起。2021年，处方药的市场规模为340亿瑞典克朗（约34亿欧元）[46]。附带协议预计将带来27亿瑞典克朗（约8%）的返还费用。这些协议覆盖了多种抗癌药物，例如瑞复美®、安可坦®、泽珂®，以及TNFs、FVⅡ、Ⅸ因子，和治疗丙型肝炎的药物的MEAs。

除了处方药市场上的MEAs外，在申购药品（医院使用药品）市场上也有协议，后者的市场规模约100亿瑞典克朗（约10亿欧元）。这个市场包括许多癌症药物，如可瑞达®、优赫得®、Kymriah®、奕凯达®，也包括治疗类风湿关节炎（RA）的英夫利昔单抗和治疗SMA的Spinraza®，以及一些ATMPs，如Zolgensma®、Luxturna®[45]。支付方和医院管理部门通常认为没有必要签订创新协议，尤其是如果这些协议可能会导致额外的行政管负担。在申购药品市场上，地方政府可获得返还药品费用的60%，中央政府可获得40%。与其他国家相比，瑞典的MEAs通常涉及生物类似药和其他治疗药物，而不一定全是创新药物[43]。

2002—2010年，瑞典HTA机构牙科和药物福利局（Dental and Pharmaceutical Benefits Agency，TLV）签署了多项CED协议，以支持最终定价和报销。目前，最常见的是简单的财务MEAs，如折扣或退款。另一种允许支付方节省费用的MEAs是停止规则（stopping rule）——将治疗持续时间限制在一定时期内或采用一个简单的停药规则（如疾病进展）。然而，随着具有高昂的前期成本和疾病复发的重大不确定性的新药物到来，以及通过单臂研究获批的药品等，或将促使TLV重新启用P4P协议。

就在瑞典成功实施MEAs而言，协议类型需要指定特定疾病和特定产品。对于基于疗效的协议，应收集小众患者群体的数据。瑞典拥有完善的数据收集所需的信息系统基础设施。注册登记中心使用唯一的公民个人登记ID号，可以在多个数据库之间进行交叉匹配。这可能会使创新协议的实施变得更加容易。

就潜在障碍因素而言，行政管理负担是瑞典推行基于疗效结果的MEAs的主要障碍。收集患者数据的护士人员不足，支付方和医院也不愿意让外来人员介入。为了减轻医疗专业人员行政管理负担，瑞典实施了一些试点项目，探索了由患者收集数据的路径，但这引发了各方对数据传输安全的担忧。

瑞典的药品价格通常在国际参考价格范围之外，因此制药企业不需要在该国努力维持高昂的标价。因此，政府考虑放弃保密折扣，转而进行公开价格谈判。此外，由于药房和批发商的利润是根据标价计算的，这就允许在这些利润的基础上额外节约费用。

5.6.1　Duodopa®（Levodopa/Carbidopa）治疗晚期帕金森病的CED

在2003年，瑞典TLV授予Neopharma制药公司的Duodopa®以溢价，条件是该公司需开展一项自发的CED研究。然而，这项于2005年完成的研究是在未经TLV批准的情况下进行的，其结果未被纳入评估。因此，该公司又开展了一项为期3年的新的前瞻性卫生经济研究，建立了一个正式的经济学模型，经过两年时间生成合适的数据。这一研究的结果导致TLV认为该药品不具有成本-效果优势，并下令将其除名。生产企业又进行了另一项研究并改进了模型，于2008年重新提交给TLV。这项研究最终使TLV确认了该药品具有成本效益，并按照企业最初附条件报销的价格给予正式报销[47]。

5.6.2　诺欣妥®（沙库巴曲/缬沙坦）Entresto®（Sacubitril/Valsartan）治疗心力衰竭的基于财务的MEA和数据收集

在瑞典，诺华公司和郡议会无法确定预计接受诺欣妥®治疗的心力衰竭患者人数。2016年，诺华公司承诺在两年内提交包括患者人数在内的随访数据。这些数据由3个注册中心收集，并由TLV进行监测。药品价格由生产企业和支付方谈判协商确定。这些已开展的工作提高了预算的可预测性[48]。

5.6.3　Raxone®（Idebenone）治疗Leber遗传性视神经病变的基于财务的MEA和数据收集

治疗Leber遗传性视神经病变的Raxone®是瑞典第一个签署MEA的罕见病药物。2016年与Santhera公司的协议起因于Raxone®疗效和预期患者人数的不确定性。Santhera公司同意在两年内提交包括患者人数在内的销量数据。根据该协议，郡议会将在数据收集期间收到该公司返还的药品费用。这使预算具有更高的可预测性[48]。

5.6.4　丙型肝炎药物（直接抗病毒药物）的治疗类别协议

为了提高预算的可预测性，TLV和丙型肝炎直接抗病毒药物生产企业于2015年签署了一项治疗类别协议。根据该协议，患者治疗是从低价药物开始的，那些价格较高的药物仅适用于不符合低价药物治疗条件的患者（即更严重的患者）。此外，在接受治疗患者较多的郡县或者治疗超过了预定时间段的情况下则给予折扣[48-50]。

5.6.5　Orkambi®（Lumacaftor/Ivacaftor）治疗囊性纤维化的组合协议

在2018年，TLV及各郡县与Vertex公司签署了一项组合协议，理由是

Orkambi®在囊性纤维化治疗方面缺乏成本-效果优势。根据协议，Vertex公司同意为其确定即将上市的所有囊性纤维化治疗药品设定统一价格，TLV则承诺报销该公司这些已上市及未来即将上市药品的治疗费用[51]。

5.6.6　泽珂®（阿比特龙）Zytiga®（Abiraterone）治疗前列腺癌的P4P/基于财务的协议

在2013年TLV做出负面的报销决定后，杨森公司与瑞典郡议会签署了一项MEA，其中涉及对无应答者的价格折扣和退款。2015年，该协议被一项由TLV签署的国家协议所取代，这项国家协议规定该公司需部分退还初始治疗周期内和超出约定时长的治疗周期内的药品费用[48]。

5.7　英国

过去几十年，英国国家卫生与临床优化研究院（NICE）倾向于签订复杂的协议，以解决药品的成本-效果不确定性[4,52]。截至2018年10月，NICE已有效实施了184个患者准入计划（PAS）。总体上，72%是简单折扣，17%是商业协议，通常以某种形式的条件限制、基于疗效或两者结合为特征，且主要与抗肿瘤药物有关。其他较少见MEAs的类型包括免费贮存（药品库存零成本）和设定剂量上限。

NICE通过与制药企业谈判协商折扣，以使药物达到NICE可接受的成本-效果水平。NICE通常认为可接受的增量成本-效果比（ICER）范围为每增加一个质量调整生命年（QALY）增加2万至3万英镑，当疾病严重程度为临终治疗时，则可增加至5.1万英镑[53]。2017年，在高度专业化技术（HST）路径下评估的超罕见病药物引入了更高的ICER范围，即10万～30万英镑[54]。

与NICE谈判协商的折扣范围为30%～60%，其中大多数折扣为45%～50%。如果该药品的年预算影响超过2 000万英镑，英格兰NHS可能会要求企业提供额外折扣，可以在收集额外数据后重新谈判协商折扣率，时间通常为3～5年后。

重要的是，NICE的正面报销建议并不能保证药品在英国顺利获得市场准入。这一点对ICER值可接受范围内的疗效更好的药物也不例外。吉利德公司治疗慢性丙型肝炎的索华迪®（索磷布韦）就是最好的例子：该药品被NICE接受，但由于其重大的预算影响，NHS无法立刻将药品纳入报销惠及患者[55]。因此，许多临床医生认为NHS英格兰有意阻滞患者用药，导致患者援助组织以法律诉讼威胁公共支付方[55]。自2015年索华迪®初次获得NICE的正面评价以来，NHS用了近两年的时间才最终与丙型肝炎药物生产企业达成P4P协议，从而增加了患者的用药机会。根据协议条款，对于完成完整疗程但治疗无效的患者，药品费用将退还给NHS[56]。

然而，在英国，CED方案也可作为HST评估程序的一部分，以及应用在癌症药物基金（CDF）的评估中[57-58]。NICE签署此类方案的最常见原因是缺乏"已证实"的成本-效果优势，这是由于经济学分析中临床或其他参数的不确定性、相对有效性的不确定性，以及治疗长期临床终点与不良反应的证据采集需求[57]。对于HST药物，由于罕见病疗效数据的局限性，其成本-效果总是不确定的，这类药物通常采用基于财务MEAs下的CED协议。CED方案规定了临床不确定性的方面以及生成新数据的方法。在完成CED方案中规定的数据收集期后，NICE会进行再评估，并将最终建议提交给NHS。作为CDF的一部分，谈判达成的CED协议具有一个固定的预算和回扣机制，以确保任何的超支费用都由制药企业承担。除了CDF谈判外，英格兰NHS还与生产企业进行保密折扣协商，以进一步节省成本[15]。创新药品基金（innovation medicine fund）是英格兰和威尔士的一项新举措，其运作模式与CDF类似，但覆盖的是NICE推荐的创新型非抗肿瘤药物。

此外，政府委托的加速准入审查计划（Accelerated Access Review，AAR）（2016年10月）提出了更广泛的采用MEAs的方法。英国支付方目前正在研究新的ATMPs定价方法，其中是否延期付款，如何分期付款问题引发了激烈的讨论。然而，具体的方法论尚不明确。近期，英国癌症研究所发布了一份报告，呼吁为抗肿瘤新药建立一个基于疗效的支付系统。

就成功实施基于疗效结果的MEAs而言，它们只能用于解决高度未满足临床需求的药品。协议必须通过精心设计的研究来解决成本-效果的不确定性。然而，该模式绝不能要求过多的基础设施和人力资源。基于疗效的协议应依据治疗产生的客观疗效指标来设计。

就潜在障碍而言，NICE对简单的价格折扣有强烈偏好。然而，如果企业未能在评估阶段早期提出价格折扣，可能会导致NICE给出负面的报销建议。即使制药企业愿意降价，也可能需要几个月的时间才能改善。辉瑞公司为确保其乳腺癌治疗药物爱博新®（哌柏西利）在英国的市场所作的努力说明了这一点，该药品在英国市场准入的过程中经历了近一年的延迟[59]。但如果该公司在早期就提供折扣的话，本可以避免这种情况。

就基于疗效的MEAs而言，普通共识是NHS需要更好的数据基础设施，英国癌症数据库的建立就能够捕捉一些主要的疗效数据，如生存期或疾病进展。然而，也有必要设想今后在多大程度上可以收集其他重要疗效数据，如药品的长期副作用和患者恢复正常活动指标。重要的是，基于疗效的MEAs将要求NHS工作人员开展数据收集、共享和分析，这通常不受英国政府的欢迎。MEAs也可能被用以鼓励在被忽视的治疗领域的药物研究和开发。NHS正在对治疗耐药性感染的新型抗生素——辉瑞公司的思福妥®（头孢他啶/阿维巴坦）和盐野义（Shionogi）公司的Fetcroja®实施名为"奈飞支付（Netflix payment）"的新订阅模式。根据这项为期10年的协议条款，英格兰NHS将支付每年1 000万英镑的固定年费，用于这两种药物的准入，并不考虑它们用于治疗患者的实际使用量。

5.7.1 Kymriah®（Tisagenlecleucel）治疗B细胞ALL和DLBCL的CED

Kymriah®分别于2018年（用于B细胞ALL）和2019年（用于DLBCL）被纳入癌症药物基金（CDF）接受评估。评估指出需通过进一步收集数据来解决临床不确定性和数据匮乏问题——针对ALL适应证需补充四年零七个月的数据，而DLBCL适应证需补充四年的数据。该CED从多个来源获取数据，包括正在进行的临床试验、骨髓移植注册和NHS数据库。在CED项目结束后，NICE将对该药品的成本-效果进行重新评估[12]。

5.7.2　倍力腾®（贝利尤单抗）Benlysta®（Belimumab）治疗系统性红斑狼疮的CED和患者人数上限

倍力腾®治疗系统性红斑狼疮临床疗效的不确定性导致英国支付方于2016年与葛兰素史克（GSK）公司签署了CED协议。根据该协议，NHS将在4年的数据收集期间以折扣价支付该药品。此外，该协议要求只有在达到预定的患者应答指标的情况下，患者治疗才能持续24周以上，同时，为了控制基金预算影响，协议还商定了接受治疗的患者人数上限[60]。

5.7.3　修美乐®（阿达木单抗）Humira®（Adalimumab）治疗化脓性汗腺炎的疾病特异性定价

艾伯维（Abbvie）公司于2016年与英国支付方签署了修美乐®适应证定价的MEA。签约该协议是由NICE对该药品用于治疗化脓性汗腺炎的成本-效果评估的不确定性结论促成的。由于该药品也已经注册了其他适应证，MEA假定20%的折扣只适用于该适应证。同时，协议还规定了基于患者应答状态的治疗中止规则[61]。

5.7.4　Mavenclad®（Cladribine）治疗多发性硬化症的P4P和折扣

英国支付方与默克（Merck）公司于2017年签署了关于Mavenclad®的P4P协议。该协议的设计受益于2016年政府出台的加速准入审查（AAR）政策。根据该协议，英格兰NHS将只为治疗应答的患者支付药品费用。此外，英格兰NHS还与Merck达成了价格折扣协议。重要的是，根据AAR机制，患者可以立即获得治疗，免除了3个月的常规延迟等待期[62]。

5.7.5 奥莱森®（西美瑞韦）Olysio®（Simeprevir）治疗丙型肝炎的 P4P 协议

杨森（Janssen-Cilag）公司于2014年与英国支付方签署了P4P协议。根据该协议，该公司将为12周内未清除病毒的患者退还奥莱森®的费用，并赞助一项配套诊断检测，该检测可以在患者接受治疗开始前预测该药品是否有效。尽管该P4P协议取得了成功签约，但由于更有效的直接抗病毒药物的出现，该药品迫于市场竞争于2018年退出了市场[63]。

其他不同年份签署的MEAs案例还包括：Strensiq®（asfotase alfa）治疗低磷酸酯酶症的CED和每例患者的预算上限（2017年）；Translarna®（ataluren）治疗Duchenne型肌营养不良症的CED和折扣（2016年）；Vimizim®（elosulfase alfa）治疗ⅣA型黏多糖病的CED、折扣和预算上限（2015年）。

针对孤儿药临床数据不足的特点，采取CED协议是NICE评估和报销这类特殊药物方案中的一个方法。这些协议包括用于低磷酸酯酶症的Strensiq®（2017年）、用于Duchenne型肌营养不良的Translarna®（2016年），以及用于IVA型黏多糖病的Vimizim®（2016年）。所有CED协议都有共同标准：

- 5年数据采集期；
- 确定的治疗开始和停止规则；
- 根据新收集的数据进行规划的重新评估；
- 财务协议（折扣，每例患者的支出上限）。

因此，支付方在做出最终报销决定之前，这里提到的混合型MEAs能够兼顾并有效管理基金和临床的不确定性[15, 63-65]。

5.7.6 艾诺全®（格卡瑞韦/哌仑他韦）Maviret®（Glecaprevir/Pibrentasvir）和索华迪®（索磷布韦）Sovaldi®（Sofosbuvir）治疗丙型肝炎的P4P协议

尽管NICE给出了正面的报销建议，但由于成本高昂，英格兰NHS只向选定的患者配给直接抗病毒药物。迫于管理公众压力和提高患者的可获得性，英格兰NHS于2017年与生产企业签署了P4P协议。根据这项MEA，对于完成治疗但未治愈（未获得持续病毒学应答）的患者，制药企业将退还费用给NHS。该协议采用一个专门的丙型肝炎注册中心对患者进行随访，以监测接受治疗患者数量和结果，并计算生产企业需要返还的费用[56]。

5.7.7　诺西那生钠Spinraza®（Nusinersen）治疗脊髓性肌肉萎缩（SMA）的CED

在2019年，NICE在Spinraza®的评估中提出了多个疑问，涉及临床数据收集、患者报告结局（patient-reported outcome，PRO）数据收集和资源使用数据收集。基于协议要求NHS与制药企业签订了为期5年的CED协议，并进行了为期至少3年的数据收集。最终将在CED协议的第5年作出报销决定。该CED协议从以下来源收集了多项终点指标，包括正在开展的试验、SMA REACH医院系统、NHS针对高价药品的Blueteq系统和正在开发的患者报告结局指标。根据制药企业评估的计划，企业需要每年对数据进行两次分析。数据收集和分析费用由制药企业承担[13]。

5.8　美国

美国支付方对MEAs的接纳程度远不如欧洲同行积极。然而，美国的支付环境高度分散，每个商业保险公司都可能与制药企业进行保密谈判。他们通常雇用药品福利管理机构（pharmacy benefit managers）与制药企业协商院内的药品费用。这些协议通常以简单的保密折扣达成。美国第一个基于疗效的MEAs是1998年的辛伐他汀P4P计划，如果该药品不能帮助患者降低低密度脂蛋白（LDL）胆固醇水平，默克（Merck）公司将向患者和保险公司退还药品治疗费用[66]。其他早期的P4P范例还包括2009年西格列汀（sitagliptin）和利塞膦酸钠（risedronate）的协议，其中的费用支付与糖尿病和骨质疏松症的疗效结果相关[67]。通常，同一P4P协议可以由一家制药公司与多家商业保险公司签署[68]。

除了商业保险公司，政府的医疗保险和医疗补助服务中心（Medicare and Medicaid Services，CMS）也面临越来越多来自创新昂贵治疗的基金压力。虽然在法律层面，美国法律不允许政府公共机构谈判或控制药品价格，但它可以通过实施MEAs而不是采取直接价格谈判方式，来应对日益增长的药品费用支出。最初，CMS主要签署的CED协议是CMS仅为那些参加药品临床试验的患者报销。迄今为止，CED最常用于非药物类医疗技术，如诊断和医疗器械[67]。1997年，CMS就重组人红细胞生成素（epoetin alfa）签署了第一份P4P协议，其报销与血液透析患者的治疗结果挂钩[69]。间隔很久之后，CMS在2005年签署了其第一份抗肿瘤药物的CED协议，用于报销结直肠癌的超说明书用药，且报销临床试验用药，以生成所需的疗效证据[67, 69]。然而，自2013年起，MEAs开始转向P4P协议，后者成为与CED同样普遍采用的模式[68]。但是，在CMS签订的MEAs中，非药物类医疗技术的数量仍多于药物类。此外，CMS允许各州部门自主达成基于疗效的MEAs的趋势日趋显著[70]。

就费用高昂的罕见病药物而言，虽然多数药品可由商业保险公司报销，相比之下，CMS的覆盖范围有限，且患者个人自付比例非常高。因此，CMS越来越愿意探索新的药品报销模式，对贫困者医疗补助计划（Medicaid）、联邦医疗保险（Medicare）B部分（门诊部门）和D部分（院外处方药）实行一致的医保报销政策[15]。这对于疗效数据不足但受预算影响巨大的新药来说尤其重要。

例如，2021年，美国食品药品监督管理局（Food and Drug Administration，FDA）通过加速审批途径批准了Aduhelm®（aducanumab），但临床疗效数据不足[71]。批准的条件是渤健（Biogen）公司要完成药品额外的临床试验。尽管该药品是近20年来市场上首个阿尔茨海默病治疗药品，但因其疗效存疑且年治疗费用高达5.6万美元，因此面临医保报销障碍。鉴于考虑到80%的符合治疗条件的患者人群由Medicare B部分覆盖，初步预计政府医保花费在Aduhelm®上的年度支出费用将超过1 000亿美元。尽管CMS

不允许将成本-效果分析结果纳入报销决策，但地方管理人员可能仍然愿意限制药品使用以控制药品预算。为了避免受限药品报销，CMS需要决定CED协议是否是一个既能确保更多患者获得药品又能有效控制费用的一个合适方案的选择[72]。这种CED协议将采取一种以安慰剂或标准治疗为对照的大型随机试验的形式。然而，作为CED协议的一部分，即使新药的大部分费用由Medicare报销，但美国患者仍可能需要承担该新药的共付额（co-pays）部分，很难想象一些患者需要为新药支付共付额但实际接受的是安慰剂治疗或标准治疗。此外，由于该药品适用于症状轻微的患者，因此可能很难通过认知和功能量表来证明具有临床意义的获益，因为该研究本质上更是一项预防性试验。

5.8.1 Kymriah®（Tisagenlecleucel）治疗B细胞ALL的P4P协议

2017年，诺华与美国政府医疗保险和医疗补助服务中心（CMS）签署了一项P4P协议，根据该协议，只有患者在一个月内对治疗产生应答，支付方才会报销儿童白血病治疗药物Kymriah®的费用[15, 73]。协议签订后一年，CMS解除了该协议，但未披露原因[70]。

5.8.2 诺欣妥®（沙库巴曲/缬沙坦）Entresto®（Sacubitril/Valsartan）治疗心力衰竭的P4P协议

2015—2017年，诺华（Novartis）公司与至少三家保险公司（Aetna、Cigna、Harvard Pilgrim Health Care）签署了P4P协议，在这些保险公司中，将药品费用支付与心力衰竭住院患者比例的减少进行挂钩[68, 74]。

5.8.3 瑞百安®（依洛尤单抗）Repatha®（Evolocumab）预防心脏骤停的P4P协议

2015—2017年，安进（Amgen）公司与至少4家保险公司（Cigna、CVS Health、Harvard Pilgrim Health Care、Prime Therapeutics）就降血脂药品

瑞百安®签署了P4P协议。根据该协议，安进公司将全额退还在服用该药期间心脏病发作或发生卒中患者的药品费用。此外，支付方还获得了企业承诺的价格折扣[68, 75]。

5.8.4 度易达®（度拉糖肽）Trulicity®（Dulaglutide）治疗2型糖尿病的基于群体的P4P协议

与常规P4P协议（制药企业对个体无应答患者提供退款）不同，2014年礼来（Eli Lilly）和哈佛朝圣者医疗保健研究所（Harvard Pilgrim）签订的协议采取了基于糖尿病患者群体表现的上下双向价格调整机制。根据协议条款，如果与接受同一治疗类别的竞品的患者相比，接受度易达®的患者达到特定糖化血红蛋白（hemoglobin A1c，HbA1c）值的人数少于竞品，保险公司将支付较低的净价（net price）；如果服用度易达®的患者比服用其他药品的患者结果更好，保险公司则将支付较高的净价[69]。

5.8.5 易瑞沙®（吉非替尼）Iressa®（Gefitinib）治疗非小细胞肺癌的P4P协议

根据2015年的P4P协议，如果患者在第三次处方前终止治疗，阿斯利康（AstraZeneca）公司将向药品福利管理组织Express Scripts报销易瑞沙的费用。因此，支付方避免了承担终止治疗的患者的任何药品费用。值得一提的是，欧洲P4P协议普遍需要医生参与患者数据收集并依赖专门的注册登记系统，而美国P4P协议的治疗结果指标是基于医保报销数据进行间接评估[69]。

5.8.6 恩利®（依那西普）Enbrel®（Etanercept）治疗类风湿性关节炎的P4P协议

在2017年，Harvard Pilgrim保险公司与安进（Amgen）公司签署了一份为期两年的P4P协议，包括6项患者疗效结果指标，如患者依从性、换药或加药、剂量递增和糖皮质激素干预等。如果患者对这些疗效结果的评分低于特定水平，保险公司将获得药品的部分退款。保险公司之所以开发这项协议，是因为从历史数据看，使用恩利®或类似药品的患者中，大约只有三分之一的患者符合所有6项标准[76]。

5.8.7　Orbactiv®（Oritavancin）治疗细菌性皮肤感染的优先处方地位

尽管P4P协议通常围绕着对无应答患者的退款展开，但2018年Melinda Therapeutics公司与俄克拉何马州 Medicaid中心达成的协议实施结果是有利于制药企业的，协议的前提是企业保证与当前更便宜的抗生素标准治疗相比，使用Orbactiv®不会导致细菌性皮肤感染患者的总医疗成本（包括住院）增加。作为交换，Orbactiv®获得了报销目录中的优先推荐地位，不再需要事先获得使用授权[73, 77]。

5.8.8　Aristada®（Aripiprazole Lauroxil）治疗精神分裂症与患者依从性相关的PVA

PVA协议通常基于假设，即随着药品销量的增长，支付方享有的价格折扣越大，而俄克拉何马州Medicaid中心于2018年签署的这项针对Aristada®的创新型MEA，是将患者每两个月提交一次的处方记录与给支付方的额外返利相挂钩。这份为期一年的协议假设，只要患者坚持治疗，就会带来更大的药品销售。因此，更大的销售量将转化为州政府为该药品支付的价格的下降。然而，该MEA并没有将返利与总销售量联系起来，而是将降价与个体患者的持续用药绑定[70, 73]。

5.9　加拿大

在加拿大，大部分MEA合同均签订于2010年8月泛加拿大制药联盟

（pCPA）成立之前。pCPA就原研药和仿制药进行省级/地区/联邦联合谈判，以利用各利益相关方的综合谈判能力。在罕见病领域出现了一些举措，例如罕见病昂贵药品（expensive drugs for rare diseases，EDRD）工作组的加拿大人口治疗协会（Canadian Association for Population Therapeutics，CAPT）提出的举措。

加拿大的支付方更偏向基于财务的协议而非基于疗效的协议，因为前者允许他们以更简单的方式实现成本控制，有助于避免筹资、数据收集和安全性管理方面等复杂的组织问题，以及MEAs在全国范围推广的难度。在加拿大，单一药品折扣占所有MEA协议的95%，使用量封顶协议和PVAs分别占30%和15%。自pCPA成立以来已完成200～250项协议，其中只有少数是创新支付协议，例如针对特定适应证的定价、有条件的治疗延续、CEDs和改善支付方现金流的条款。一些在国家层面签署的创新协议会产生显著的行政负担。

由于目前的模式无法满足需求，加拿大支付方亟需调整策略以应对即将上市的创新药物。然而，支付方不太可能为了管理MEAs而投入基础设施或资源。阿尔伯塔省、不列颠哥伦比亚省和安大略省的基础设施普遍发达，这些行政区域的支付方可以考虑基于临床疗效的协议。此外，虽然最初患者支持计划（Patient Support Programs，PSPs）仅涉及药品资金的财务层面，但目前更倾向于使用PSP同时进行数据收集。

就加拿大的成功实施经验而言，MEAs非常适合患者群体较小且定义明确的疾病领域（例如罕见病、肿瘤靶向治疗），在这些领域，患者可以很容易地获得治疗资格并被随访。另外，限制对这些治疗领域药物的报销，可能会导致公众不安和药物可及性压力，因此，必须预先规定MEAs协议的药品疗效衡量指标以及治疗启动和停止标准。此外，MEAs应包括一个高度可信的临床终点指标，而不是替代指标，并应解决成本控制和预算管理问题。临床医生对MEAs的大力支持也非常重要。另外，有利于改善基础设施或照护管理解决方案的增值协议也可能受到加拿大支付方的欢迎。

就实施基于疗效的MEAs的障碍而言，目前加拿大体系缺乏基础设施、资源和技能。如果缺乏投资，MEAs的开展将变得更加无力。

5.9.1 法布赞®（阿加糖酶β）Fabrazyme®（Agalsidase β）和瑞普佳®（阿加糖酶α）Replagal®（Agalsidase α）治疗法布雷病的CED

在2005年，加拿大主管部门与健赞（Genzyme）公司和夏尔（Shire）公司就法布雷病的酶替代疗法达成了CED协议。该协议旨在应对首次报销否决决议引发的公众压力，基于该协议，在一项名为"加拿大法布雷病倡议"（Canadian Fabry Disease Initiative，CFDI）的上市后研究中收集到有关疗法和疾病的新数据之前，给予有条件报销。这项历时10年的研究形成了最完整的法布雷病前瞻性数据库。CFDI疗效数据支持了最终的正面报销决定[78-80]。

5.9.2 丙型肝炎药物的治疗类别折扣

在2017年，泛加拿大制药联盟（pan-Canadian Pharmaceutical Alliance）与吉利德（Gilead）公司、默克（Merck）公司和百时美施贵宝（Bristol-Myers Squibb）公司签署了三种丙型肝炎药物作为同一疗治类别折扣协议。该协议确保了包括4种新活性成分药物在内的多种丙型肝炎药物的价格低于各省单独谈判的价格。在一些行政区域，节省下来的费用也用于支付轻症患者的治疗费[81, 82]。

5.9.3 瑞唯抒®（替度格鲁肽）Revestive®（Teduglutide）治疗短肠综合征的P4P协议

为了应对加拿大药品和卫生技术局（Canadian Agency for Drugs and Technologies，CADTH）针对Revestive®治疗短肠综合征作出的负面成本-效果评估结果，夏尔（Shire）公司与泛加拿大制药联盟签署了P4P协议[83]。该协议包括企业提供的患者支持计划，即假定仅为治疗应答者付费。由于协议的签约，2019年初患者可以获得该药品[84-85]。

5.10 结论

总体而言，推动各国支付方采纳MEAs最主要的动力是有限的医保基金，其次是临床结局或真实世界疗效的不确定性。意大利在MEAs方面拥有最悠久的经验，预计该国将签署更多的协议。虽然法国、瑞典和英国拥有中等水平的经验，但它们越来越不倾向于采纳基于疗效的协议。此外，荷兰在CED协议方面有着丰富的经验，预计未来将更多使用P4P协议。加拿大和德国通常避免使用MEAs，且这种情况不太可能被改变。同样，尽管西班牙（主要在加泰罗尼亚地区越来越不倾向）在基于疗效结果的MEAs方面有着相当良好的实践，但这一趋势在全国范围内推广是不太可能的。在美国，必须将商业保险公司和政府医保区别对待。前者可以自由签订各种各样的财务协议，通常包括价格折扣和P4P协议；后者则受到更多的法律限制。CMS最近从CED转向采用更多的P4P协议，但仍然更倾向于将其应用在非药物类的医疗技术方面。

总体而言，许多国家的经验表明，CED协议往往无法实现其降低产品疗效不确定性的既定目标[90]。此外，鉴于这些协议的保密性质，它们并不能在国家之间实现充分合作和信息共享。这将对基于疗效的创新支付方案设计的经验交流与改进非常不利。

5.10.1 创新MEAs的关键成功因素

医保支付方实施基于疗效的MEAs的经验表明，只有当收集额外证据带来的获益足以抵消协议的实施成本时，这类MEAs才值得采纳[85]。此外，MEAs的设计必须能够解决与产品相关的疗效不确定性，并具有可操作的疗效结果指标，并确保适当水平的透明度。此外，支付方越来越倾向采用混合型的MEAs，可以同时管理药品价格、使用量、支付模式和使用条件[86]。

企业和支付方需充分认识到，一个强大、组织有序的医生群体的参与是保证成功的非常重要的因素。基于疗效的MEAs往往需要额外的资源和时间投入，因此需要权衡药物所针对的高度未满足需求或重大公共卫生问题是否值得开展一项基于疗效的MEAs。

此外，基于疗效的MEAs中的患者群体需要易于识别和追踪。因此，罕见病药物、靶向肿瘤治疗和ATMPs更适用于此类协议。

就疗效而言，替代终点不适用于MEAs。一个能证明3～6个月内治疗结局的既定终点是有必要的，例如治愈或肿瘤大小的变化。对于预期寿命较短的肿瘤领域，生存期也可能是一个适当的终点。

就CED类型的MEAs而言，它们需要能够以明确的方法解决临床或成本-效果的潜在不确定性，以支持最终定价和报销决策。在这方面，支付方往往更关注实操的简单性。值得一提的是，已有研究者建议了标准化检查清单（checkist）用于评估CED是否适用于某个罕见病药物[87]。

然而，考虑到不同国家和地区已实施的大量MEAs，且其协议细节往往分散在大量未在期刊正式发表的研究报告（包括政府文件或会议论文集）中，人工智能（AI）正在成为一种有前景的决策工具。AI已被证明可以加速并提升系统性文献综述的质量，还可以提取各国监管机构发布的大量HTA文件的相关信息。此外，AI工具能够根据历史评估文件的分析预测HTA决策，并推荐正确的参照药，以及药品在临床路径中的精确定位和作用，并确定最佳患者特征[88-90]。

5.10.2　创新MEAs的主要挑战

在法国、德国、瑞典和英国签订MEAs时，医生和支付方的行政管理负担是一个需要考虑的关键因素。理想情况下，额外的工作必须通过产生可以被医疗管理部门（例如目标人群的规模）或临床团体使用的有效数据来补偿。

在面对一些缺乏经验的支付方时，制药企业需要采取积极主动的谈判方法，并提出成熟的解决方案。

同时，一些限制是由于财务和会计规则造成的。大多数医疗卫生系统都有一个短期的预算周期。特别是在西班牙或荷兰，只有在一个财年内确定的协议才能被接受。

寻求临床医生群体的支持是另一个关键因素。在一些国家，医生可能会要求额外的时间和经济补偿来管理基于疗效的MEAs。这也应该在谈判协议中予以解决。

对于基于疗效的MEAs，患者注册登记系统的质量和及时交付是另一个关键因素。虽然意大利和荷兰在这方面有着丰富的经验，但其他国家可能完全依赖制药企业来建立和管理患者登记系统。企业必须与具有建立此类登记系统有一定经验和技术的合作伙伴合作。此外，加拿大、法国、德国和瑞典也对所收集的数据的安全性表示担忧。因此，可能需要制定新的法规来解决这个问题。

此外，CED方案也不可避免受到制药企业的滥用。案例显示，曾有企业故意推迟数据收集的启动，或不遵守数据分析方案或方案本身存在内在的设计缺陷，导致有时收集的数据质量是不可接受的。因此，这种负面的经验会给支付方在未来采纳MEAs带来很大的挑战。

参 考 文 献

［1］ CEPS. Rapport d'activité 2016. 2017. Available from: http:// solidarites-sante.gouv.fr/IMG/ pdf/rapport_annuel_2016_ medicaments.pdf.

［2］ French Govt Must Act To Stop 'Inexorable Decline' of Pharmaceutical Industry: PinkSheet; 2018. Available from: https://pink.pharmaintelligence.informa.com/PS122346/ French- Govt-Must-Act-To-Stop-Inexorable-Decline-Of-Pharmaceutical-Industry.

［3］ Garrison LP Jr., Towse A, Briggs A, de Pouvourville G, Grueger J, Mohr PE, et al. Performance-Based Risk-Sharing Arrangements-Good Practices for Design, Implementation, and Evaluation: Report of the ISPOR Good Practices for Performance- Based Risk-Sharing Arrangements Task Force. Value Health: J. Int. Soc. Pharmacoecon. Outcomes Res. 2013; 16 (5): 703–19.

［4］ Jaroslawski S, Toumi M. Market Access Agreements for Pharmaceuticals in Europe:

Diversity of Approaches and Underlying Concepts. BMC Health Serv. Res. 2011; 11: 259.

[5] Espín J, Rovira J, Garcia L. Experiences and Impact of European Risk-Sharing Schemes Focusing on Oncology Medicines. Eminet 2011. Available from: https://www. researchgate. net/profile/Jaime-Espin/publication/260343816_ Experiences_and_Impact_of_ European_Risk-Sharing_ Schemes_Focusing_on_Oncology_Medicines/links/004635313 806193b3e000000/Experiences-and-Impact-of-European-Risk-Sharing-Schemes-Focusing-on-Oncology-Medicines. pdf?origin=publication_detail.

[6] Fagnani F, Pham T, Claudepierre P, Berenbaum F, De Chalus T, Saadoun C, et al. Modeling of the Clinical and Economic Impact of a Risk-Sharing Agreement Supporting a Treat-to-Target Strategy in the Management of Patients With Rheumatoid Arthritis in France. J. Med. Econ. 2016; 19 (8): 812–21.

[7] Polyarthrite rhumatoïde: en cas d'échec d'un traitement avec Cimzia*, UCB rembourse l'assurance maladie: APM News; 2013. Available from: https://www.apmnews.com/nostory. php?uid=&objet=238792.

[8] Celgene a conclu un accord "efficace ou remboursé" avec le CEPS pour Imnovid* Paris: APM News; 2015. Available from: https:// www.apmnews.com/Celgene-a-conclu-un-accord-efficace-ou-rembourse-avec-le-CEPS-pour-Imnovid-FS_256638.html.

[9] Dunlop WCN, Staufer A, Levy P, Edwards GJ. Innovative Pharmaceutical Pricing Agreements in Five European Markets: A Survey of Stakeholder Attitudes and Experience. Health Policy (Amsterdam, Netherlands) 2018; 122 (5): 528–32.

[10] Allen J. NOACs pricing, reimbursement, and access. London; 2017.

[11] Comite economique des produits de santerapport d'activite 2012. Paris; 2013. Available from: https://solidarites-sante.gouv. fr/IMG/pdf/RA_2012_Final.pdf.

[12] Facey KM, Espin J, Kent E, Link A, Nicod E, O'Leary A, et al. Implementing Outcomes-Based Managed Entry Agreements for Rare Disease Treatments: Nusinersen and Tisagenlecleucel. PharmacoEconomics 2021; 39 (9): 1021–44. doi: 10.1007/s40273-021-01050-5. Epub 2021 Jul 7. PMID: 34231135; PMCID: PMC8260322.

[13] Jørgensen J, Hanna E, Kefalas P. Outcomes-Based Reimbursement for Gene Therapies in Practice: The Experience of Recently Launched CAR-T Cell Therapies in Major European Countries. J. Market Access Health Policy 2020; 8 (1): 1715536.

[14] IHS Markit report: Merck KGaA signs pay-for-performance contract with GKV funds for MS treatment Mavenclad, 2018.

[15] Wesley T. Market Access Trends in Europe. Market Access by Region/Europe.

Datamonitor Healthcare. Informa, 2018.

[16] Jommi C, Addis A, Martini N, Nicod E, Pani M, Scopinaro A, Vogler S. Price and Reimbursement for Orphan Medicines and Managed Entry Agreements: Does Italy Need a Framework? Available from: https://journals.aboutscience.eu/index.php/ grhta/article/ view/2278.

[17] Navarria A, Drago V, Gozzo L, Longo L, Mansueto S, Pignataro G, et al. Do the Current Performance-Based Schemes in Italy Really Work? "Success Fee": A Novel Measure for Cost-Containment of Drug Expenditure. Value Health 2015; 18 (1): 131–6.

[18] Lucas F. Performance-Based Managed Entry Agreements for Medicines: Much Needed, but Not Feasible? Value Outcomes Spotlight 2016; Nov/Dec.

[19] Garattini L, Curto A, van de Vooren K. Italian Risk-Sharing Agreements on Drugs: Are They Worthwhile? Eur. J. Health Econ.: Health Econ. Prevention Care 2015; 16 (1): 1–3.

[20] Gazzetta n. 289 del 12 dicembre 2012 Rome: AIFA; 2012. Available from: http:// 95.110.157.84/gazzettaufficiale.biz/atti/2012/20120289/ 12A12855.htm.

[21] Gazzetta n. 106 del 8 maggio 2012 Rome: AIFA; 2012. Available from: http:// 95.110.157.84/gazzettaufficiale.biz/atti/ 2012/20120106/12A04734.htm.

[22] Multi-indication Pricing: Pros, Cons and Applicability to the UK London: OHE; 2015. Available from: https://www.ohe. org/news/multi-indication-pricing-pros-cons-and-applicability-uk.

[23] Wilsdon T, Barron A. Managed entry agreements in the con-text of Medicines Adaptive Pathways to Patients London; 2016.

[24] Lattanzi L, Avitabile A, Caprioli G, Caputo A, Stell A, Giuliani G. PCN323 – Perjeta Treatment Duration in the Italian Clinical Practice: A First Analysis of the Aifa Prescription Registry. Value Health 2018; 21: S69.

[25] Pani L, Cammarata S. The Italian Payers' approach to new anti-hepatitis C drugs, 2015.

[26] Area Strategia ed Economia del Farmaco. 2017. Available from: http://www.aifa.gov.it/ sites/default/files/Elenchi_farmaci_ innovativi_fondi_Legge_Bilancio2017.pdf.

[27] Prada M, Mantovani M, Sansone C, Bertozzi C. Managed Entry Agreements for orphan drugs in Italy active on April 2016. European Conference on Rare Diseases & Orphan Products 26–28 May 2016 Edinburgh.

[28] Gray N. GSK enters pay-for-performance deal for gene therapy Biopharma Dive; 2016. Available from: https://www. biopharmadive.com/news/gsk-enters-pay-for-performance-deal-for-gene-therapy/424650.

［29］　Grubert N. Managed entry saved the Dutch healthcare sys-tem € 588.3 million in 2020 LinkedIn: Personal blog; 2022. Available from: https://www.linkedin.com/feed/update/urn: li: activity: 6900829398896123904/.

［30］　Interview: Anita Atema – General Manager, Celgene, The Netherlands: PharmaBoardroom; 2016. Available from: https:// pharmaboardroom.com/interviews/interview-anita-atema-general-manager-celgene-the-netherlands.

［31］　Interview: Bart Vanhauwere – General Manager, Roche Netherlands: PharmaBoardroom; 2015. Available from: https://pharmaboardroom.com/interviews/interview-bart-vanhauwere-general-manager-roche-netherlands/.

［32］　van den Brink R. Reimbursement of Orphan Drugs: The Pompe and Fabry Case in the Netherlands. Orphanet J. Rare Dis. 2014; 9 (1): O17.

［33］　Dutch "no cure no pay" scheme for some new drugs: PharmaTimes; 2012. Available from: http://www.pharmatimes.com/news/dutch_ no_cure_no_pay_scheme_for_some_new_drugs_976705.

［34］　Makady A, van Veelen A, de Boer A, Hillege H, Klungel OH, Goettsch W. Implementing Managed Entry Agreements in Practice: The Dutch Reality Check. Health Policy (Amsterdam, Netherlands). 2019; 123 (3): 267–74.

［35］　CatSalut. Experiencias en acuerdos de riesgo compartido y esquemas de pago basados en resultados en Cataluña, 2015. Available from: http://catsalut.gencat.cat/web/.content/minisite/catsalut/proveidors_professionals/medicaments_ farmacia/acords_risc_compartit/AES-2015_poster_68_ARC_ def_09_06_2015.pdf.

［36］　MSSSI. El Gobierno aprueba el primer tratamiento de Atrofia Muscular Espinal, cumpliendo su compromiso con los afecta-dos por esta enfermedad, 2018. Available from: https://www. msssi.gob.es/en/gabinete/notasPrensa.do?id=4292.

［37］　Diario Farma. Cruz inaugura, con Spinraza, una nueva era en financiación de fármacos, 2018. Available from: https://www.dia-riofarma.com/2018/02/06/cruz-inaugura-spinraza-una-nueva-financiacion-farmacos.

［38］　Clopes A, Gasol M, Cajal R, Segú L, Crespo R, Mora R, et al. Financial Consequences of a Payment-by-Results Scheme in Catalonia: Gefitinib in Advanced EGFR-Mutation Positive non-Small-Cell Lung Cancer. J. Med. Econ. 2017; 20 (1): 1–7.

［39］　Senior M. Managed entry agreements. London: Datamonitor Healthcare; 2014.

［40］　Rojas García P, Antoñanzas Villar F. Los Contratos De Riesgo Compartido En El Sistema Nacional De Salud: Percepciones De Los Profesionales Sanitarios. Revista Española de

Salud Pública 2018; 92.

[41] Fontanilla D. Cimzia. London: Datamonitor Healthcare; 2018. Available from: https://pharmastore.informa.com/product/cimzia/.

[42] Grubert N. Key Trends in European Market Access. London; 2016. Available from: https://pharmastore.informa.com/product/ datamonitor-key-trends-in-european-market-access/.

[43] Grubert N. Managed entry agreements (MEAs) provision-ally reduced pharmaceutical expenditure in Sweden by SEK 2.7bn (€254mn) in 2021. LinkedIn: Personal blog; 2022. Available from: https://www.linkedin.com/feed/update/urn: li: activity: 6901429624296075264/?msgControlName=reply_to_ sender&msgConversationId=2-MDc4ZThmMzUtODBmNC-00Zjk3LWFhZjItMDJkMDEyZmU3NDc3XzAxMg%3D%3D&ms gOverlay=true.

[44] Secretary General for Health Ministry of Health Directorate General for Basic NHS Services Portfolio and Pharmacy Pharmacoclinical Protocol for the Use of Dupilumab in Severe Atopic Dermatitis in Adult Patients in the National Health System. Madrid; Spanish Ministry of Health, 2020. Available from: https://www.sanidad.gob.es/en/profesionales/farmacia/ valtermed/docs/20200131_I_Protocolo_dupilumab_dermatitis_ atopica grave_adultos.pdf.

[45] Informe de Resultados de Los Pacientes Con Dermatitis Atopic Grave en Tratamiento Con Dupilumab Registrados en Valtermed. Madrid; Spanish Ministry of Health. February 2022. Availabe from: https://www.sanidad.gob.es/profesionales/farmacia/valtermed/docs/20220228_Informe_Valtermed_Dupilumab.pdf.

[46] Besparingar från sidoöverenskommelser 2021 Slutavstämning, TLV, Stockholm, March 2022. Available from: https://www.tlv. se/om-oss/press/nyheter/arkiv/2022-03-18-slutavstamning-av-besparingar-fran-sidooverenskommelser-helaret-2021.html.

[47] Willis M, Persson U, Zoellner Y, Gradl B. Reducing Uncertainty in Value-Based Pricing Using Evidence Development Agreements: the Case of Continuous Intraduodenal Infusion of levodopa/ carbidopa (Duodopa®) in Sweden. Appl. Health Econ. Health Policy 2010; 8 (6): 377–86.

[48] The development of pharmaceutical expenditure in Sweden. Stockholm: TLV; 2017. Available from: https://www.tlv.se/ download/18.6919e22e161936e05891e287/1518688820277/development_of_pharmaceutical_expenditure_in_sweden.pdf.

[49] TLV assessment report. 2017. Available from: https://www.tlv.se/ beslut/beslut-lakemedel/begransad-subvention/arkiv/2017- 09-29-maviret-ingar-i-hogkostnadsskyddet-med-

begransning. html.

［50］ Medivir concludes Swedish agreement on Olysio-based treat-ment for hepatitis C Pharma Letter; 2014. Available from: https://www.thepharmaletter.com/article/medivir-concludes-swedish-agreement-on-olysio-based-treatment-for-hepatitis-c.

［51］ Vertex Announces Long-Term Access Agreement in Sweden for Cystic Fibrosis Medicine ORKAMBI® (lumacaftor/ivacaftor): Business Wire; 2018. Available from: https://www. businesswire. com/news/home/20180618005495/en/Vertex-Announces-Long-Term-Access-Agreement-Sweden-Cystic.

［52］ Jaroslawski S, Toumi M. Design of Patient Access Schemes in the UK: Influence of Health Technology Assessment by the National Institute for Health and Clinical Excellence. Appl. Health Econ. Health Policy 2011; 9 (4): 209–15.

［53］ Bovenberg J, Penton H, Buyukkaramikli N. 10 Years of End-of-Life Criteria in the United Kingdom. Value Health 2021; 24 (5): 691–8.

［54］ Pharmaphorum. Ultra-rare disease drugs: has access in England just got harder? 2017. Available from: https://pharmaphorum. com/views-and-analysis/ultra-rare-diseases-england/.

［55］ Gornall J, Hoey A, Ozieranski P. A Pill Too Hard to Swallow: How the NHS Is Limiting Access to High Priced Drugs. BMJ. 2016; 354: i4117.

［56］ 25,000 Hepatitis C patients receive new treatments: NHS England; 2018. Available from: https://www.england.nhs.uk/ blog/25000-hepatitis-c-patients-receive-new-treatments/.

［57］ Longworth L, Youn J, Bojke L, Palmer S, Griffin S, Spackman E, et al. When Does NICE Recommend the Use of Health Technologies Within a Programme of Evidence Development?: A Systematic Review of NICE Guidance. PharmacoEconomics 2013; 31 (2): 137–49.

［58］ Walker S, Sculpher M, Claxton K, Palmer S. Coverage With Evidence Development, Only in Research, Risk Sharing, or Patient Access Scheme? A Framework for Coverage Decisions. Value Health 2012; 15 (3): 570–9.

［59］ Ibrance v Kisqali: Quicker Novartis Discount Helps Cut UK NICE's Timeline: In Vivo. Pharma Intelligence; 2017. Available from: https://invivo.pharmaintelligence.informa. com/PS121987/ Ibrance-v-Kisqali-Quicker-Novartis-Discount-Helps-Cut-UK-NICEs-Timeline.

［60］ Benlysta, Managed Access Agreement London: NICE; 2016. Available from: https:// www.nice.org.uk/guidance/ta397/resources/ managed-access-agreement-september-2016-

pdf-2665741069.

[61] Tappenden P, Carroll C, Stevens JW, Rawdin A, Grimm S, Clowes M, et al. Adalimumab for Treating Moderate-to-Severe Hidradenitis Suppurativa: An Evidence Review Group Perspective of a NICE Single Technology Appraisal. Pharmacoeconomics 2017; 35 (8): 805–15.

[62] NHS England partners with Merck on a commercial agree-ment that allows people with MS in England immediate access to cladribine tablets (Mavenclad®): ACNR; 2017. Available from: http://www.acnr.co.uk/2017/11/nhs-england-partners-with-merck-on-a-commercial-agreement-that-allows-people-with-ms-in-england-immediate-access-to-cladribine-tablets-mavenclad/.

[63] Kusel J, Spoors J. Recent Trends in the Pricing of High-Cost Pharmaceuticals. Br. J. Healthcare Manag. 2016; 22 (5): 267–77.

[64] Spoors J, Kusel J. The Evolution of Patient Access Schemes. Value Health 2016; 19 (7): A462.

[65] Ismailoglu I, Duttagupta S. Divergence of Evaluation of Orphan Drugs Between Regulators and Payers: Implications For Patient Access In US And EU. Value Health 2017; 20 (9): A571–A2.

[66] Møldrup C. No Cure, No Pay. BMJ (Clinical research ed). 2005; 330 (7502): 1262–4.

[67] Carlson JJ, Sullivan SD, Garrison LP, Neumann PJ, Veenstra DL. Linking Payment to Health Outcomes: A Taxonomy and Examination of Performance-Based Reimbursement Schemes between Healthcare Payers and Manufacturers. Health Policy (Amsterdam, Netherlands). 2010; 96 (3): 179–90.

[68] Carlson JJ, Chen S, Garrison LP Jr. Performance-Based Risk-Sharing Arrangements: An Updated International Review. Pharmacoeconomics 2017; 35 (10): 1063–72.

[69] Yu JS, Chin L, Oh J, Farias J. Performance-Based Risk-Sharing Arrangements for Pharmaceutical Products in the United States: A Systematic Review. J. Manag. Care Specialty Pharm. 2017; 23 (10): 1028–40.

[70] Oklahoma Signs the Nation's First State Medicaid Value-Based Contracts for Rx Drugs Portland: The National Academy for State Health Policy; 2018. Available from: https://www.nashp. org/oklahoma-signs-first-medicaid-value-based-contracts-for-rx-drugs/.

[71] Cohen J. Controversial FDA Approval of Alzheimer's Drug Aducanumab Sets Stage For Possible Medicare Coverage Battle: Forbes; 2021.

[72] Medicare 'Coverage With Evidence Development' For Aducanumab? How Might

It Work?: Health Affairs Blog; 2021. June 30, 2021. Available from: https://www. healthaffairs.org/ do/10.1377/hblog20210625.284997/full/.

［73］ Seeley E, Chimonas S, Kesselheim AS. Can Outcomes-Based Pharmaceutical Contracts Reduce Drug Prices in the US? A Mixed Methods Assessment. J. Law Med. Ethics 2018; 46 (4): 952–63.

［74］ Cigna Implements Value-Based Contract with Novartis for Heart Drug Entresto: Cigna; 2016. Available from: https:// www.cigna.com/about-us/newsroom/news-and-views/ press-releases/2016/cigna-implements-value-based-contract-with-novartis-for-heart-drug-entrestotm.

［75］ Harvard Pilgrim strikes 'pay-for-performance' deal for cho-lesterol drug: Boston Globe; 2015. Available from: https:// www.bostonglobe.com/business/2015/11/08/ harvard-pilgrim-strikes-pay-for-performance-deal-for-cholesterol-drug/iGIV7 rBie4K20HNbKORsPJ/story.html.

［76］ Harvard Pilgrim Signs Outcomes-Based Contract with Amgen for Enbrel: Harvard Pilgrim; 2017. Available from: https://www. harvardpilgrim.org/public/news-detail?nt=HPH_News_ C&nid=1471912468296.

［77］ Oritavancin outcomes based contract with Oklahoma Medicaid may be the new normal: Contagion Live; 2018. Available from: https://www.contagionlive.com/view/oritavancin-outcomesbased-contract-with-oklahoma-medicaid-may-be-the-new-normal.

［78］ Silversides A. Fabry Trial Set to Answer "political Problem". CMAJ 2009; 181 (6–7): 365–6.

［79］ Silversides A. Enzyme Therapy for Fabry Patients in Jeopardy. CMAJ 2009; 181 (6–7): E120–E.

［80］ Bishop D, Lexchin J. Politics and Its Intersection with Coverage with Evidence Development: A Qualitative Analysis from Expert Interviews. BMC Health Serv. Res. 2013; 13 (1): 88.

［81］ New Collective Drug Price Will Provide More Canadians Access to Hepatitis C Treatment Dallas, TX: Hepatitis News Today; 2017. Available from: https://hepatitisnewstoday. com/2017/03/02/new-collective-drug-prices-provide-more-canadians-access-hepatitis-c-treatment.

［82］ A Statement from the pan-Canadian Pharmaceutical Alliance: Newswire; 2017. Available from: https://www.newswire.ca/news-releases/a-statement-from-the-pan-canadian-pharmaceutical-alliance-614373463.html.

［83］ Cadth Canadian Drug Expert Committee Final Recommendation. Teduglutide (Revestive–Shire Pharma Canada ULC/NPS Pharma Holdings Ltd.) Indication: For the treatment of adult patients with Short Bowel Syndrome (SBS) who are depen-dent on parenteral support: CADTH; 2016. Available from: https://www.cadth.ca/sites/default/files/cdr/complete/SR0459_Revestive_complete_Jul-29_16.pdf.

［84］ pCPA Monthly Trends & Insights – August 31, 2018 Toronto: MORSE Consulting; 2018. Available from: https://morsecon-sulting.ca/pcpa-monthly-trends-insights-august-31-2018/.

［85］ Wenzl M, Chapman S. Performance-based managed entry agreements for new medicines in OECD countries and EU member states. 2019.

［86］ Vreman RA, Broekhoff TF, Leufkens HG, Mantel-Teeuwisse AK, Goettsch WG. Application of Managed Entry Agreements for Innovative Therapies in Different Settings and Combinations: A Feasibility Analysis. Int J Environ Res Public Health. 2020; 17 (22): 8309.

［87］ Facey K. Checklist for a Rare Disease Treatment—Is an Outcomes-Based Managed Entry Agreement Feasible? Zenodo; 2021. Available from: https://doi.org/10.5281/zenodo.5032840.

［88］ *Axess4you—inspired by patients, powered by artificial intel-ligence.* (n.d.).Axess4you. Accessed on January 11, 2022. Available from: https://www.axess4you.com/.

［89］ Sakata Y, Inoue K, Nagasawa T, Ooishi M, Azuma M, Kitabayashi H, et al. PCN267 Further Development of Artificial Intelligence Supporting Systematic Literature Review for Conducting Cost-Effectiveness Analysis. Value Health. 2020; 23: S470, Accessed on December 9, 2021.

［90］ Bonakdari H, Pelletier J-P, Martel-Pelletier J. A Reliable Time-Series Method for Predicting Arthritic Disease Outcomes: New Step from Regression toward a Nonlinear Artificial Intelligence Method. Comput. Methods Programs Biomed. 2020; 189: 105315.

第6章
昂贵创新疗法的创新支付

昂贵创新疗法，如基因和细胞治疗法，需要探索新的支付模式。尽管这类疗法的成本空前高昂，但却具备治愈疾病和使患者通过一次性或短期用药而终身获益的潜力。

由于创新疗法的某些临床价值仅是潜在的，无法通过长期临床试验得以进一步证实。因此，支付方认为某些药品定价缺乏合理依据。例如，有些药品仅仅是在现有药品上进行拓展研发，从而增加了边际效益，此外，许多患者在接受创新疗法治疗后并未获得预期的健康效益（expected health benefits）[1]。

近年来，为解决创新疗法的支付问题，美国研究者提出了多种新颖的支付模式（novel financial models），例如摊销（amortisation）、再保险（reinsurance）以及降低个人自付以奖励患者依从性（therapy adherence）[1]。这些方法有望降低创新疗法高昂的预付成本，并能在医疗系统的相关利益方之间分摊成本。

在美国，由于患者时常更换医疗保险公司，所以保险公司会认为一旦参保人转投到不同的保险公司，他们将无法从创新疗法支付模式带来的长期医疗费用的节省中获益[2]。一些研究者指出，如果一款创新疗法能够延长患者的寿命或显著提高生命质量，那么该疗法的支付方案则反映这些附加效益。尽管如此，创新支付模式仍需要在定义明确的患者人群（well-defined population）中进行概念验证（proof-of-concept）。下面，我们将讨论研究文献中提出的各种创新疗法的创新筹资模式。

6.1　摊销（分期偿还）

摊销（amortisation）是一种会计核算方法，该方法允许无形资产在资产负债表（asset and debt）上进行折旧计算，并根据摊销时间表在预先设定的使用年限内分摊价值[3]。如果将创新疗法视为无形资产（intangible asset），那么分期摊销方法就可以用于计算创新疗法的成本。同时，该方法允许创新疗法生产企业在销售治疗药物时获得全额补偿。若将这种方法运用到药品领域，则需对公认会计准则（generally accepted accounting principles，GAAP）和国际财务报告准则（international financial reporting standards，IFRS）做出相应修订（amendments）[3]。

或者，支付方可以按双方约定的时间段或具体时间节点向创新疗法生产企业分摊（spread out）费用[3]。这些阶段性支付可以与治疗结果直接挂钩，并随时间持续跟进。如果在特定时间节点，药物无法达到结果指标或阶段性结果目标，支付方可能会停止向制药企业支付费用。

一些文献中提到的其他分期摊销协议则考虑授予产品市场独占性（market exclusivity）条件，即通过使用该药物的活性成分治疗其他适应证而进行分摊药物研发成本[4]。因此，若一款药品获批了新适应证，有可能导致此款药品的价格下降。此外，一项经济学定量研究提出：分期分摊可以将财务责任转移给多个支付方[2]，从而减轻针对创新疗法的前期一次性高额成本支出（high upfront drug costs）的压力。

6.2　捆绑式支付和治疗周期

捆绑式支付（bundle payment）是一种复合型支付方式（integrated single payment）。医保支付方根据医疗机构为单个患者提供的明确界定的医疗服务项目，以一笔固定总费用打包支付给医疗机构，而不考虑具体诊疗项目数量[5]。具体地说，捆绑式支付是按程序或治疗周期（episode of care）支付与特定治疗、病情或患者相关的所有医疗服务项目费用。

在这种支付模式下，医疗机构（health care providers，HCP）更有动力控制药品费用，但这也可能导致医生不合理地避免使用创新疗法。因此，这些支付模式需要纳入质量和疗效指标以确保医疗质量。HCP则可以组成团队，通过协调合作为特定疾病领域的患者提供综合诊疗服务。

在美国，这种复合型支付方式在《患者保护和平价医疗法案》（*Patient Protection and Affordable Care Act*）的鼓励下，以责任医疗组织（ACO）的条款得到推动。此外，美国医疗保险与医疗补助服务中心（CMS）制定了肿瘤护理支付模式（oncology care model，OCM）。具体地说，捆绑式支付是指按治疗流程或治疗周期（episode of care）来打包支付治疗特定疾病，改善病情的所有医疗服务费用。

该模式将肿瘤护理的捆绑支付与单次化疗按人头/按月支付相结合，并和基于医疗质量指标与按绩效付费挂钩的模式[5]。事实表明，捆绑式支付在透析治疗上已经减少了促红细胞生成素类药物的使用和滥用，从整体上改善了透析患者治疗效果[6]。

6.3 年金/分期付款

年金（annuity）或分期付款（instalment payments）允许支付方根据分期付款时间表（instalment schedule）支付创新疗法的成本，可能是按年度支付或按其他时间表支付[7, 8]。虽然"年金"是最常用的名称，但它没有固定期限（term），且是一种终身付款（lifetime payment）的模式。

相比之下，"分期付款"因具有固定时限而更适用于创新疗法。其支付也可以取决于特定的疗效指标，如患者结局，基于疗效协议下的患者生存质量指标。通过这种支付模式，支付方在确保了持续稳定和充足的现金流下，仍然可以将药品高额前期成本记入当年财务支出账目以体现当年药品的购买和使用活动。但是，对制药企业而言，其在销售年份就将销售收入记录于当年销售账目，而实际现金流收入则根据付款时间表，按不同付款时间节点进行分摊。

这种支付模式对于具有治愈结果但缺乏长期疗效结果的创新疗法特别有吸引力。这是因为，支付方为那些仅显示有潜在的长期疗效但有待进一步证实的创新疗法一次性支付昂贵费用有所顾虑。所以，支付方会尽量与制药企业达成在与疗效结果衡量时间范围内相对应的长期分期付款计划。

6.4　健康币

作为一种新型可交易货币，健康币（healthcoin）被提议用于将创新疗法取得的疗效获益转换为通用货币，相当于生命年的等价物（life-year equivalents）[9]。对一个有众多医疗保险计划同时并存且保险公司更替频繁的医疗保险体系而言，健康币方案显得更有吸引力，例如美国[3]。如果患者的第一个保险计划为其支付创新疗法药物，但之后患者更换到另一家保险计划，导致的结果是下一家保险公司将从患者所获得长期健康效益中受益，而不是前一家。为了解决此问题，第二家或后续的保险公司应以健康币的方式向第一家保险公司支付补偿。补偿金额应体现前期保险计划为患者带来健康附加价值的规模大小。健康币可以在健康币市场（healthcoin market）上兑换成国家通用货币。

如果有明确的条款，确保公共保险和商业保险在内的所有参与健康币市场的支付方可以共同遵守，那么这种健康币机制或许是可行的。此外，该机制需考虑长期疗效和永久性治愈可能存在的固有不确定性，以及该模型尚未考虑到健康币价值的高低也可能取决于患者年龄的大小。

进一步来说，目前尚不清楚多个国家的现行法律框架是否允许引入健康币。但对支付方来说，这种支付策略不会改善现金流压力或降低一次性支付高昂成本的压力。然而，它确实可以鼓励支付方投资具有长期临床价值的创新疗法。实质上，这种支付模式对企业而言，不会直接带来显著影响。

6.5　基于疗效结果的协议（outcome-based arrangements）

　　基于疗效结果的协议（在前述章节中已讨论）在医疗领域已被广泛应用于各种类型的药物治疗，包括创新疗法和昂贵药物[3]。从本质上讲，企业和支付方之间的这些协议允许创新疗法在某些预先确定的条件下进入市场，这些条件直接与创新疗法预期为患者提供的疗效结果挂钩。它们也可能与分期付款相关联。然而，实施基于疗效结果的协议存在若干挑战，特别是对于创新疗法提供的中长期临床获益指标，双方在签署协议前需要明确界定疗效指标，且跟踪其疗效结果所投入的时间可能比跟踪传统常规治疗所需时间要长得多。

　　基于这些协议，支付方可能会感到放心，因为支付方不必为那些没有从治疗中获益的患者买单。事实上，这种支付模式可以通过将治疗费用与某些支付条件挂钩，在一定程度上抵消医保现金流（cash flow）压力和疗效的不确定性。然而，这种支付模式并没有从根本上解决医保需要全部支付高昂成本的困扰，这是因为对于经治疗没有应答的患者，从时间上来说，任何企业方的退款都可能会被推迟到完成患者疗效结果评估之后。然而，这种支付模式对企业的影响是显著的，但这取决于创新疗法的疗效结果。只要治疗能产生预期疗效，企业就会得到补偿。如果治疗没有产生预期疗效，根据协议条款，企业可能需要将未达到预期疗效的这部分患者费用退还给支付方。

　　这里，我们需要特别关注所谓的"基于证据进展的报销（CED）"[10]模式。基于这种模式，在特定时期内（a specified period）可以有条件地（conditionally）为患者提供创新疗法，直到临床试验或观察性研究生成新的临床证据，再进行医保评估。另外，支付方和企业之间还需要签订一个额外的托管协议（escrow agreement）。该协议要求支付方将药品支付费用存入一个公共机构的银行账户中（a bank account of a public institution），直到支付方获得企业递交的CED结果[5]。如果CED结果证明了药物有价值，则将款项全额转移给企业。若出现相反情况，只有预先规定的一部分费用会支付给企业，剩余费用将退还给支付方。当然，此模式只有在新药能够在相对较短时间内产生新证据时才有操作的可行性，对需要较长时间为患者带来终身效益（long term benefit）的治疗，此模式并不合适。

6.6 私人或政府机构提供的患者贷款

在这种支付模式下，由患者负责申请一笔贷款，有时被称为医疗贷款（health care loan，HCL），此方法可帮助患者更容易获得昂贵的治疗[3]。然而，即使患者能够获得这样的贷款，这也会对个人长期的经济状况带来极为不利影响[5]。此外，如果患者过早死亡（premature death），还款将立即停止。这意味着如果患者去世了，债务余额将无法偿清。同时，即使患者没有从治疗中获得预期疗效，他们仍有义务偿还该剩余贷款。显然，这种支付模式超出了现阶段国家社保或商业医疗保险的制度范畴。

6.7 由民营机构或政府组织提供的支付方贷款

与患者贷款类似，支付方也可以获得贷款来支付创新疗法。同样，支付方偿还贷款是必需的[3]。一般来说，支付方可以通过各种借贷渠道获得贷款，包括政府贷款。假设创新疗法借款被视为可偿还的前提下，政府贷款也可理应偿还。在单一医保支付（single-payer）模式的国家医疗体系中，支付方可能是国家政府，且设有固定医保预算。然而，在以多个医疗保险计划（multi-payers）并存的体系中，尚不清楚该模式影响如何。以美国为例，医疗贷款和偿还责任是否会转移到新的保险公司，目前尚不清楚。

6.8 政府特别专项基金

基于这种支付模式，政府决定建立特别专项基金来资助创新疗法[3]。

目前国际上已经建立的专项基金包括英国的癌症药品基金（Cancer Drug Fund）、苏格兰的"新药基金"（New Medicine Fund）以及按澳大利亚当局要求的"高度专业化药物计划"（Highly Specialized Drugs Program）。

这些专项基金通常建立在单一支付模式的社会保险体系国家。因为这种专项基金单独筹资只占国家财政预算的一小部分，所以其预算往往独立于社保基金预算之外。同时，这些类型的基金通常来自国家财政税收。值得一提的是，在意大利，AIFA基金的5%年收入是来自企业，专门用于资助罕见病的昂贵治疗（ET）。

然而，在一个高度碎片化的医保支付体系中，如美国，建立专项基金可能更加复杂。也许对政府主导的CMS而言，其可以通过立法建立这样一项基金。然而，由于反对政府干预医疗行业的呼声和压力日益增加，在美国通过该类法案似乎比较困难。重要的是，医疗机构和商业保险公司不太可能对缺乏可靠结果数据或长期疗效结果的创新疗法进行高额投资[5, 11]。然而，基于这一模式，制药企业显然可从中受益，因为支付方在购买药品时，企业可以立即收到全额医保付款。

6.9 保险池

在保险池（insurance pool）模式下，一个地区的多家医疗保险公司可以共同筹建一个基金来支持创新疗法[3]。这种保险模式适用于所有私营企业或所有公私伙伴关系企业（public-private partnership，PPP），其目标是在一定时间内收回商品成本。此模式可以缓解因需要接受昂贵治疗的患者分布不均衡的支付风险。保险资金投入规模可能取决于参保人数和风险因素（如年龄）。保险池模式已经在德国得以实施。此外，美国卫生与公众服务部（Department of Health and Human Services）建议所谓的"风险走廊"（risk corridors）模式[12]，在这种模式中，公共实体可以从低赔付率的商业保险计划中筹资，并将资金转移到高赔付率的保险计划中。

6.10　再保险

再保险（reinsurance）是保险公司在面对不可预见的创新疗法大额赔付（large，unforcseen pay-outs）时，为了获得保障而采取的一种措施[3]。在这种模式下，多个商业保险公司通过购买同一份保险计划来分散风险，避免自身承担超额保险支出的金融风险。再保险费用可以按年支付，也可以按照约定的时间表支付。这种方案将需要接受创新疗法治疗的患者分布不均衡的支付风险分摊至多个保险公司[5]。如果药物数量和所覆盖患者人数大幅增加的情况下，保险池就显得更为重要，因为在这种情况下，患者使用创新疗法的分布不均匀风险会更高。然而，制药企业不会受此支付模式的影响。如果保险公司的风险顾虑降低（因为他们有保险），将有助于患者获得相应治疗。目前，德国已经为再生疗法（regenerative therapies）建立了这样的再保险计划[13]。

6.11　知识产权收购

基于这种模式，支付方从企业那里购买创新疗法的知识产权（intellectual property，IP）或成为上市许可持有人，用以管理并掌控药物的生产和配送[5, 11, 14]。通过这种方式，支付方虽然承担了支付IP的前期高昂费用，但避免了药物上市后昂贵价格的支付和报销的问题。然而，该模式只关注与药物生产和销售相关的风险，并没有解决与药物疗效相关的不确定性问题[15]。

6.12　讨论

综上所述，政府特别专项基金似乎是创新疗法筹资和支付的最直接方式。这类基金独立于常规医保药品预算，为单独设立的资金池，其药物纳入标准也不同于传统药物的报销路径，仅限于可解决重大疾病、临床亟需的创新药物。此外，有必要开发一套专门评估创新疗法临床价值的评估框架体系。为了提高专项基金运营的可持续性，也可考虑纳入基于疗效结果的支付、折扣（discount）、返利（rebate）、量价协议（price-volume）、分期付款（installment payment）和年金支付（annuity）等多种创新支付模式。在多个基于疗效结果支付模式中，对于临床数据不充分的创新疗法，应优先考量附带托管协议的CED模式。

特别专项基金的资金通常源自一般税收（general taxation）。但在意大利，专项基金部分筹资也来自制药行业的资助。然而，在国家层面也需要明确规定国家财政愿意拿出多少比例的国内生产总值（gross domestic product，GDP）来设立此类专项基金。

由此看来，基于疗效的支付模式、年金/分期付款模式，以及面向支付方的医疗贷款模式，均可为支付方在平衡可操作性和基金安全上做到合理恰当。图6.1解释了分期付款和摊销对支付方的预算影响，以及其对支付方和企业的现金流影响。如图6.1所示，摊销和分期付款的组合方案可以减轻昂贵、高度治愈性、一次性给药的创新药物对预算和现金流的影响。过去20年，基于疗效结果和年金付款的多种支付模式在世界各地被广泛运用，这已在前面单独的章节中讨论过。虽然某些模式实操被证明是复杂和繁琐的，也几乎没有节省成本，多数国家的支付方也没有从中吸取教训，依然继续实施这些协议。

摊销有可能成为一种实用的支付模式，因为它有利于解决基金预算支出压力。然而，它需要重新修订已经公认的会计原则，认定某些创新疗法符合作为无形资产的预定标准。但是此类标准需要进一步明确定义，摊销的期限也需要遵循尚未开发的特定模型，因此在方法论上仍有待进一步研究。

然而，年金支付和支付方信贷模式可能会带来问题。因为这两种模式并未解决可负担性的问题，而只是将支付方当前的财务负担转移到了未来。这最终将挑战医保基金预算的可持续性。但是，如果支付方预期未来收入会显著增加，这可能是一个值得尝试的解决方案。

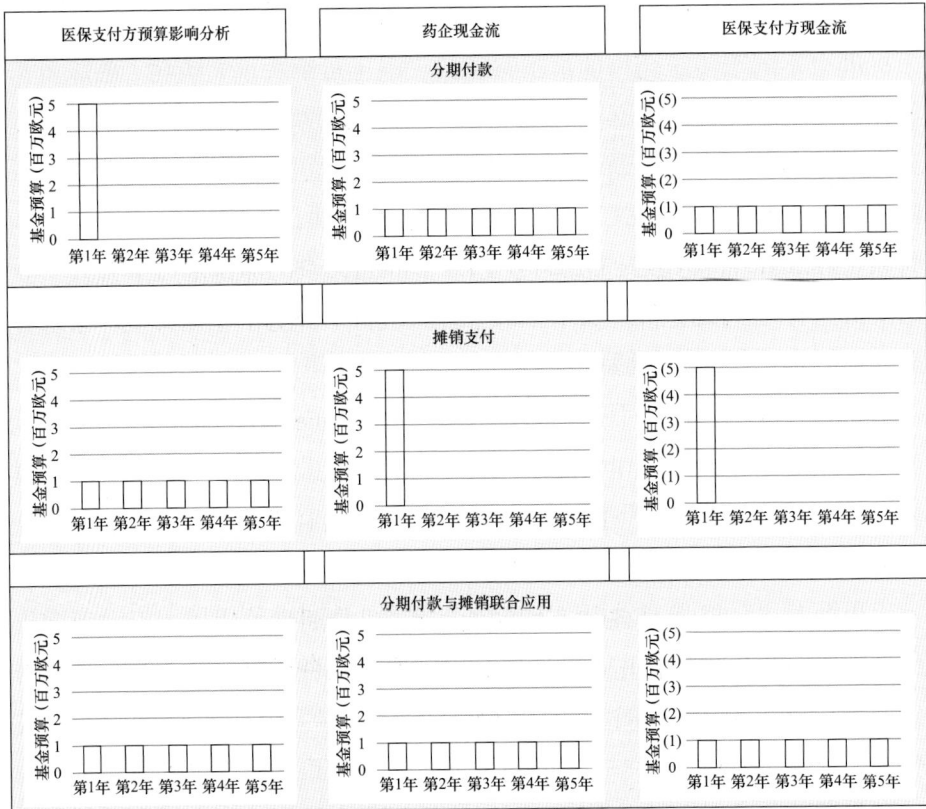

图6.1 分期付款或/和摊销支付对500万欧元成本的创新疗法产品在给药后五年的基金预算及现金流的影响（创新疗法一次性给药后需要五年的疗效持续观察期）

相比之下，患者贷款、健康币和知识产权收购策略等模式似乎更加烦琐且难以实施。而且对支付方来说，这些方案在节省费用方面的优势也不显著。

参 考 文 献

［1］ Kleinke J, McGee N. Breaking the Bank: Three Financing Models for Addressing the Drug Innovation Cost Crisis. Am. Health Drug Benefits 2015; 8 (3): 118.

［2］ Cutler D, Ciarametaro M, Long G, Kirson N, Dubois R. Insurance Switching and Mismatch between the Costs and Benefits of New Technologies. Am. J. Manag. Care 2017; 23 (12): 750–7.

［3］ Dabbous M, Toumi M, Simoens S, Wasem J, Wang Y, Huerta Osuna J, et al. The Amortization of Funding Gene Therapies: Making the "Intangibles". Tangible for Patients. medRxiv. 2021: 2021.04.16.21255597.

［4］ Blankart CR, Stargardt T, Schreyögg J. Availability of and Access to Orphan Drugs: An International Comparison of Pharmaceutical Treatments for Pulmonary Arterial Hypertension, Fabry Disease, Hereditary Angioedema and Chronic Myeloid Leukaemia. Pharmacoeconomics 2011; 29 (1): 63–82.

［5］ Hanna E, Toumi M, Dussart C, Borissov B, Dabbous O, Badora K, et al. Funding Breakthrough Therapies: A Systematic Review and Recommendation. Health Policy (Amsterdam, Netherlands). 2018; 122 (3): 217–29.

［6］ Swaminathan S, Mor V, Mehrotra R, Trivedi AN. Effect of Medicare Dialysis Payment Reform on Use of Erythropoiesis Stimulating Agents. Health Serv. Res. 2015; 50 (3): 790–808.

［7］ Rémuzat C, Toumi M, Jørgensen J, Kefalas P. Market Access Pathways for Cell Therapies in France. J. Mark Access Health Policy 2015; 3.

［8］ Jørgensen J, Kefalas P. Annuity Payments can Increase Patient Access to Innovative Cell and Gene Therapies Under England's Net Budget Impact Test. J. Mark Access Health Policy 2017; 5 (1): 1355203.

［9］ Basu A, Subedi P, Kamal-Bahl S. Financing a Cure for Diabetes in a Multipayer Environment. Value Health: J. Int. Soc. Pharmacoecon. Outcomes Res. 2016; 19 (6): 861–8.

［10］ Jaroslawski S, Toumi M. Market Access Agreements for Pharmaceuticals in Europe: Diversity of Approaches and Underlying Concepts. BMC Health Serv. Res. 2011; 11: 259.

［11］ Carr DR, Bradshaw SE. Gene Therapies: The Challenge of Super-High-Cost Treatments and How to Pay for Them. Regenerative Med. 2016; 11 (4): 381–93.

［12］ Zettler PJ, Fuse Brown EC. The Challenge of Paying for Cost-Effective Cures. Am. J. Manag. Care 2017; 23 (1): 62–4.

［13］ Hanna E, Toumi M. Gene and cell therapies: Market access and funding. 2020. Boca Raton, FL: CRC Press.

［14］ Jaroslawski S, Toumi M. Non-Profit Drug Research and Development: The Case Study of Genethon. J. Mark Access Health Policy 2019; 7 (1): 1545514.

［15］ Jaroslawski S, Toumi M, Auquier P, Dussart C. Non-Profit Drug Research and Development at a Crossroads. Pharm Res. 2018; 35 (3): 52.

第7章
细胞和基因治疗（CGT）的药品准入管理协议

7.1 快速变革中药物研发与临床试验面临挑战

为了发挥创新疗法在填补未被满足临床需求上的巨大潜力和加快其市场准入，近年来药品监管部门在关键性临床试验（pivotal studies)的证据受理上，赋予了更多的监管灵活性。[1]。在欧洲，相对灵活的新药受理方式不仅体现在获得"附条件批准上市"下新药数量在不断增加，也体现在符合特殊条件的新药上市许可（marketing authorization）和适应性许可（adaptive licensing）通道下获批新药数量的增加。欧洲药品管理局（EMA）对附条件批准上市药品为期十年的分析报告（2006—2016年）[2]表明，在递交的临床试验数据中，Ⅰ期和/或Ⅱ期临床试验研究药品占比55%，其中单臂研究占比34%。另外，基于小样本量的药物临床试验已成为新药研发的趋势，这与过去20年间获得罕见病药物资格认证药品数量的增幅是相一致的[3]。此外，临床试验设计创新方案的引入也增加了研究的复杂性，如适应性设计（adaptative designs）。适应性设计主要是指采取相对灵活的设计，根据预先计划，基于临床试验中期分析结果或贝叶斯统计学（Bayesian statistics）结果[4]，对临床试验中一个或多个特定指标做出适应性修改的机会［如样本量、随机化比例、治疗组数量（number of treatment arms）、给药剂量等］。由于新药上市初期证据不够全面或不成熟，这无疑对支付方/卫生技术评价机构在评价新药附加价值和基金影响分析增加了不确定性。虽然，药品监管机构仅评估新药的获益风险比值（正向/负向），但是，卫生技术评估（HTA）机构和支付方却需要对新药的额外临床价值强度（magnitude of the additional benefit）进行评估后，方能认可新药的附加价值和给予相应的溢价（premium price）。

7.2 细胞和基因疗法（CGT）的临床证据局限性

CGT通常被视为突破性疗法（breakthrough therapies），有望为过去无法治愈的疾病提供极有前景的治疗选择。创新疗法的引入体现了药品监管机构在态度上的开放以及在更大程度上，接受对临床证据不确定性的监管意愿。在调查11种通过EMA批准上市的细胞和基因治疗药物的关键性临床试验数据时，发现其中7种获得上市许可的产品并非采取严格的双盲随机对照临床试验（RCTs）设计。相反，有限患者数量和短期随访的单臂研究构成了支持这7种产品的获批上市的关键性证据[1]。此外，仅有3种产品将患者相关终点（如总生存期或发病率）作为主要临床结局进行报告，其余研究则使用替代终点作为主要临床结局。因此，细胞和基因治疗临床试验的局限性，加大了对细胞和基因疗法开展有效可靠药物经济学评估的挑战。过短的随访时间导致HTA无法对CGT疗法的长期疗效指标，如总生存期、发病率和生存质量（QoL）[5]进行评估。临床试验数据的严重不足，同时与疾病健康状态（health state）相关的健康效用值（health utility）数据也非常有限，增加了药物经济学模型用于计算疾病进展转换概率（transition probability）的难度，因此，缺乏与对照药品的临床证据，决定了这类HTA只能在假设和当前标准疗法或常规疗法进行对比基础上，评估CGT疗法的临床疗效和有效性[6]。

7.3 细胞和基因治疗的高昂价格

由于CGT疗法的生产和研发过程复杂，具有治愈疾病的潜力和价值，其临床长期获益前景可期，因此，为了收回前期高昂的研发投入成本，CGT疗法的价格普遍比传统药物更加昂贵。近年来，在欧洲获批的CGT疗法的定价范围为21 926美元至212.5万美元。例如，三种基因治疗药物，Zolgensma®

（21.25万美元），Zynteglo®（180万美元）和Luxturna®（85万美元），被列为美国最为昂贵的三种药物。与传统药物相比，GGT疗法的独特性在于需要前期一次性支付非常昂贵的成本（upfront cost）[7]来获得一次性或有限次数的给药治疗，这与现有的基于定期给药的小分子或生物制剂而设计的医保支付模式不匹配[8]。相对传统药物，CGT疗法面临的更大财务风险是即使CGT疗法在真实世界中被证实无效或不安全，由于是一次性给药支付方几乎没有机会停止治疗和收回损失[9]。

值得注意的是，在CGT的总成本中，药物价格仅占一小部分，总成本还包括提供这些疗法所需的额外管理成本[10]。以CAR-T细胞疗法为例，除了一次性产品采购价格外，总成本涉及的其他制备成本也不容忽视，如静脉注射人免疫球蛋白（intravenous immunoglobulin，IVIG）治疗低免疫球蛋白血症[11]，以及通过抗IL-6受体抗体（如托珠单抗 tocilizumab）治疗细胞因子释放综合征等的费用[10]。同时，除了药物成本，物流管理成本（logistic cost）也可能很高。此外，由于CAR-T细胞疗法的成功率存在差异，大多数患者仍然需要接受后续的挽救治疗（salvage therapies）和姑息治疗（palliative care）[12]。尽管当前即将获批上市的产品大多为罕见病适应证，支付方面临的短期成本压力可能相对较小，但当更多不同的昂贵药品获批用于治疗流行性疾病并覆盖更多患者人群时，其累积效应会引发医保部门对基金长期财务状况的担忧[13]。因此，在有限的基金预算下，对于支付基因治疗还是慢性疾病治疗，医保也面临权衡机会与成本（opportunity cost）的两难困境[14]。

7.4　药品管理准入协议的实施

CGT疗法通常带有价格高昂的标签，但疗效和安全性证据尚不成熟，多年来，HTA机构和支付方不断摸索有效的支付策略，因此，管理准入协议（MEAs）支付模式由此应运而生，并被支付方和制药行业作为应对这一挑战的解决方案而采用[15]。一般而言，MEAs可以分为三类：

①基于财务的支付协议（FBAs），例如量价协议（PVAs）、折扣（discount）、使用量封顶（utilization cap）和返利（rebate）；②基于疗效的支付协议（PBAs），例如基于证据进展的支付协议（CED）、基于疗效结果的支付协议、风险分担协议（risk-sharing agreement）和分期付款（installment payment）协议（将费用分摊到几年之内，付费与持续阶段性疗效结果挂钩）；③基于服务的支付协议（SBAs）。例如，支付方采纳基于绩效为结果的支付协议MEAs，可以缓解医保基金压力，解决药品临床价值不确定性问题，同时又不限制患者及时获得细胞和基因治疗的机会[16]。

根据2019年经合组织（OECD）卫生健康工作报告《经合组织成员国和欧盟成员国针对新药基于疗效的MEAs》[*Performance-based MEAs for new medicines in OECD countries and European Union（EU）member states*][17]，过去几年，药品管理准入协议MEAs得以逐渐推广。在41个经合组织和/或欧盟成员国中，至少有28个国家已经或正在采用MEAs。一些国家制定了管理MEAs的具体法规或政策，如比利时、捷克、立陶宛、挪威、葡萄牙和斯洛伐克。法国和意大利等国家虽然没有具体立法，但也在药物定价报销相关的法律框架下制定了明确的MEAs准入程序。例如，德国有关药品市场法规允许疾病基金（Sickness Funds）和制药企业签约市场准入协议，以及基于规定条件下达成的协议价格，但是，最终协议的采纳及实施与否，是由德国各地疾病基金来决定的。表7.1列有欧洲主要国家实施基因治疗MEAs的详细情况。

表7.1 欧洲市场上基因治疗的管理准入

	英国	法国	德国	意大利	西班牙
Yescarta®	CDF与商业协议	CED	CED	分期-按疗效付费	分期-按疗效付费
Kymriah®	CDF与商业协议	CED	CED	分期-按疗效付费	分期-按疗效付费
Zynteglo®	N/A	CED	CED	N/A	N/A
Zolgensma®	简单的折扣；患者准入方案	CED	评估暂停	N/A	N/A
Tecartus®	具有入组患者管理方案的CDF	CED	CED	N/A	N/A
Libmeldy®	N/A	CED	CED	N/A	N/A

注：CDF：Cancer Drug Fund，癌症药物基金；N/A-Not available：无。
基于证据进展报销（coverage with evidence development，CED）。

7.4.1　奕凯达®（阿基仑赛注射液）Yescarta®（axicabtagene ciloleucel）

译者注：阿基仑赛适用于接受二线或以上系统性治疗后复发或难治性大B细胞淋巴瘤的成人患者。包括：

➤ 弥漫性大B细胞淋巴瘤（DLBCL）非特指型（NOS）；

➤ 原发纵隔大B细胞淋巴瘤（PMBCL）；

➤ 高级别B细胞淋巴瘤；

➤ 滤泡性淋巴瘤转化的DLBCL。

7.4.1.1　英国

2019年1月，英国NICE在对奕凯达®进行评估后认定，由于随访时间有限，缺乏与挽救性化疗药物的头对头比较数据，所以基于单臂研究的临床证据具有较大不确定性。此外，该研究也缺乏足够的证据来确定治疗产生副作用的额外成本。因此NICE决定不推荐奕凯达®纳入NHS常规药品目录，但可以先通过癌症药物基金（CDF）予以报销。CDF基金是一项仅针对癌症患者提升其药物可及性所设立的专项基金，相当于前面提到的"基于证据发展的支付（CED）"，但是，纳入CDF的条件是在协议期内制药企业需要收集更多真实世界有效性的证据。另外，制药企业必须向NHS以保密方式提供价格折扣，并承诺收集和提交额外真实世界数据，以便为将来重新评估产品价格提供新证据。评估委员会（Evaluation Committee）希望通过收集ZUMA-1的长期随访数据，来解决在无进展生存（progression free）、疾病进展后生存和总生存期（post-progression and overall survival）等主要疗效数据的不确定性问题，并更全面地了解B细胞系再生障碍性疾病的治疗，包括IVIG的成本和使用量。在NHS评估中所使用的数据是通过系统性抗癌治疗（systemic anti-cancer therapy，SACT）数据库进行收集的，因此，它更准确地反映了药物在临床实践中的使用成本和疗效。

7.4.1.2　法国

在欧盟集中授权批准（Central Approval）之前，奕凯达®是通过名为"临时使用授权"（temporary authorisation for use，ATU）的早期准入模式在法国上市的。制药企业在ATU/后ATU的计划期间可以自由定价。但是，定价委员会（Pricing Committee）会为每一种药品设定价格（单价/Per Unit）上限。此外，在ATU/后ATU期间，ATU方案设定了最高支出的上限，如年度税前收入超过3 000万欧元的药物，生产企业有责任将超出3 000万欧元的部分返还给支付方。值得一提的是，2020年12月14日通过的新版法国社会保障法对现有的ATU制度进行了几项修订。根据建议，ATU准入项目现已被分为两个部分：一个是早期准入授权项目（Early Access Authorization，EAP），其中包括队列ATU（针对一组患者）；另一个是患者同情准入项目（Compassionate Access Program，CAP），其中包括指定对象nATU（针对单个患者）等。此外，新修订方案也带来了一些改变：①制药企业从现在起需要向HTA机构（即HAS），而不是向药品监管机构（Agence nationale de sécurité du médicament et des produits de santé，ANSM）递交所有的EAP请求；②企业介绍产品的创新性时，需要与最具临床优势（the most clinically relevant comparator）的对照治疗进行对比；③针对CAP项目的要求比现行标准更加严格，新规定下，企业需要证明给定产品的疗效和安全性属于"强烈推定（strongly presumed）"，而旧规定只需要企业产品"被认为（considered）"有利即可；④制药企业不仅必须遵循完整规范的临床方案，还需要按HAS的要求，在试验启动后的规定期限内收集数据。因此，随着早期准入项目证据要求标准提高，能够获得临床亟须药物的患者数量就更少了。

2018年12月，HAS评估结果表明奕凯达®在两个适应证上满足条件：①有重要的实际临床价值［service médical rendu（SMR）Ⅰ级］；②对照现有疗法具有中等程度改善［amélioration du service médical rendu（ASMR）Ⅲ级］。针对CAR-T细胞疗法的有效性和其他附带影响的高度不确定性问题，（例如住院费用等），HAS决定每年开展HTA，以重新评估其ASMR

等级。HAS的评估主要基于CAR-T专项登记系统的数据，以及在关键性临床研究中收集到的任何新数据。2021年4月，HAS发布了新版评估报告，根据更新后的数据，HAS维持了对奕凯达®的有利评估（SMR：important，ASMR：Ⅲ级）和纳入报销的推荐意见。此外，HAS还呼吁所有具备资质的中心都参与DESCAR-T研究的注册，以获得全面且高质量的观察性研究数据，这些数据可能在下一次重新评估中处理证据不确定性方面发挥重要价值。

7.4.1.3 德国

对于首次上市的新药，德国允许企业在上市后的前12个月内自由定价，在此期间，德国联邦联合委员会（Federal Joint Committee，G-BA）会同时开展新药临床获益评价，并提出医保报销建议。由于奕凯达®属于罕见病药物，其附加临床价值被评估为"已证明的（proven）"评级；然而，其附加价值增加的效应量被评估为"无法量化（non-quantifiable）"评级。由于奕凯达®的证据不足，G-BA的暂时报销仅限于2022年5月15日之前有效，届时G-BA将基于新的疗效证据更新奕凯达®的评估结果。新证据的生成主要来自正在开展的临床试验或关键性临床试验之外的前瞻性比较研究。基于疗效的支付模式在德国历来没有被大范围采纳，然而，近年来推出的基因疗法才推动了基于疗效支付模式的运用。就奕凯达®的支付问题，吉利德（Gilead）公司与包括VDEK和GWQ ServicePlus两大保险集团在内的多家健康保险公司签署了基于疗效结果（个体患者疗效结果）的支付协议。

7.4.1.4 意大利

CAR-T创新疗法奕凯达®和Kymriah®的推出上市，见证了意大利从传统的基于疗效的支付模式向分阶段支付模式（分期付款）的转变。根据奕凯达®的支付协议，吉利德公司将分三次收到医保付款：第一笔付款将于输注后180天，第二笔付款为输注后270天，最后一笔付款为输注后365天。在这种情况下，吉利德公司可能承担医保对那些在180天内没有任何治疗效果的患者不予报销的风险。疗效评估数据将通过AIFA的患者登记系统进行收集。奕凯达®的分期支付协议自2019年11月4日生效，协议期限为期18个月。

7.4.1.5 西班牙

奕凯达®于2019年7月在西班牙获得报销批准，采用了基于疗效的两阶段支付协议，其支付与患者个人生存期挂钩，据报道，第一笔付款为11.8万欧元，第二笔付款为20.9万欧元。奕凯达®上市后的相关证据将通过西班牙国家医疗服务体系（Spanish NHS）建立的Valtermed①新数据收集和管理系统进行数据收集。建立Valtermed登记系统旨在通过网络Web-based系统信息工具，收集真实世界的临床数据，以减少创新疗法在真实世界中治疗价值不确定性。

7.4.2 Kymriah®（Tisagenlecleucel）

适应证：治疗复发或难治性急性淋巴细胞白血病（r/r ALL）儿童和年轻成人患者（年龄至25岁）。

7.4.2.1 英国

类似奕凯达®，Kymriah®被暂时纳入英国癌症药物基金（CDF）报销，其纳入条件是企业需遵守MEA协议，并满足未来利用收集的真实世界数据重新评估的需要。由于目前缺乏可以与Kymriah®疗效直接比较的挽救性化疗疗效的数据，NICE认为其需要更长随访研究时间，以收集更多关于无进展生存期（PFS）、总生存期（OS）和免疫球蛋白使用的数据，来减少证据的不确定性。

7.4.2.2 法国

与奕凯达®类似，在欧盟集中授权批准之前，Kymriah®也是基于ATU

---

① Valtermed，全称为Sistema de Información para determinar el Valor Terapéutico en la Práctica Clínica Real de los Medicamentos de Alto Impacto Sanitario y Económico en el SNS2

获得市场准入而纳入报销。2018年12月，针对B细胞急性淋巴细胞白血病的治疗，Kymriah®被评估为具有重要的实际临床价值（SMR：重要评级）和相对于现有疗法具有中等改善（ASMR：Ⅲ）的级别[18]。鉴于弥漫性大B细胞淋巴瘤（DLBCL）适应证，Kymriah®被评估为具有重要的实际临床价值（SMR：重要评级），但相对比较疗法的改善仅为轻微获益（ASMR：Ⅳ）评估。在2021年4月发布的新版HAS评估报告中，HAS维持了2018年的评估结果，即Kymriah®在B细胞急性淋巴细胞白血病和DLBCL分别被评为具有中等和轻微的附加临床价值[19]。HAS要求后续的再评估将提供更多从DESCAR-T登记处收集的真实世界研究证据。

7.4.2.3 德国

2019年3月，Kymriah®分别在两个适应证中临床附加价值被评估为"无法量化的"[20]。因此，诺华公司与VDEK和GWQ ServicePlus保险公司签署了一项基于疗效结果的合同，根据协议，企业将向保险公司返还在使用Kymriah®治疗后在一定时间内治疗无效（死亡）患者的退款。在2020年9月发布的新版G-BA评估中[21]，G-BA保留了之前2019年的评估结论，即Kymriah®的额外临床价值是"无法量化的"，该评估结论的有效期为2023年9月，但在有效期结束之前，G-BA要求企业必须提交更新的疗效数据。

7.4.2.4 意大利

与奕凯达®相似，Kymriah®在意大利通过基于疗效结果的支付模式纳入报销，其中付款将在三个时间节点进行（假设患者治疗达到协议约定的疗效指标）：第一次在输注时，第二次在接受治疗的6个月后，第三次在接受治疗的12个月后。未来的疗效数据将通过AIFA患者登记系统进行收集。

7.4.2.5 西班牙

与奕凯达®类似，基于Valtermed系统收集的疗效数据，Kymriah®在西班牙国家医疗服务体系中以"基于疗效结果的分期付款"方式获得医保报销，第一笔付款发生在输注时（据报道占总费用的52%，约32万欧元），第二笔付款发生在18个月后（据报道为剩余总费用的48%），但条件是患者能够对治疗保持持续的应答。

7.4.3　Zynteglo®（Betibeglogene Autotemcel）

适应证：用于治疗输血依赖型β-地中海贫血。

7.4.3.1　法国

2020年3月，针对12～35岁的输血依赖型β地中海贫血（TDT）患者，法国卫生技术评估机构HAS认为Zynteglo®用于12～35岁的输血依赖型β地中海贫血（TDT）患者具有"重要"临床获益。这些患者属于没有β0/β0基因型，符合造血干细胞移植（HSC）的条件，但无法获得相关的HLA（人类白细胞抗原）供体（donor）的人群。针对这类目标患者人群，HAS评估认为Zynteglo®具有"中等"附加临床价值（ASMR Ⅲ）。相反，Zynteglo被认为在35岁及以上患者人群中使用时，其临床疗效不足。针对这类患者，评估委员会决定将根据患者登记系统的最新数据和EMA要求的关键性临床研究结果，在不超过三年时间内，重新评估Zynteglo®的疗效[22]。

7.4.3.2　德国

2020年5月，G-BA对Zynteglo®进行了评估，基于证据质量将其评为"提示"级别，由于证据不足其附加临床价值被评估为"无法量化的"。因此，G-BA要求Zynteglo®的后续临床价值评估应根据HGB-207和HGB-212研究的最终结果以及LTF-303研究的5年随访数据进行评估。根据EMA的要求，重新评估的数据还应包括通过EMA统一标准患者登记注册系统中有关Zynteglo®对12岁及以上的、但无β0/β0基因型的TDT患者的长期安全性和有效性研究数据。根据要求，患者注册登记系统研究应对REG-501的研究数据与EMA现有的统一标准患者注册登记系统中输血患者的数据进行比较。G-BA认为对Zynteglo®在2025年5月15日之前采取医保报销限制是一个合理的决定[23]。

7.4.4　Zolgensma®（Onasemnogene Abeparvovec）

适应证：用于治疗 2 岁以下脊髓性肌萎缩症（SMA）患儿。

7.4.4.1　英国

在英国，附属 NICE 下属的高度专业化技术项目评估（highly specialized technology，HST）机构对 Zolgensma® 进行了评估。2021 年 7 月，NICE 发布了 Zolgensma® 的评估结果，包括三项建议：

建议 1：对于具有 SMN1 基因双等位突变和临床诊断为 1 型 SMA 的婴儿，如果满足以下条件，推荐使用 Zolgensma® 作为治疗 5q 脊髓肌萎缩（SMA）的选择：

- 年龄在 6 个月以下，或者，

- 年龄介于 7 至 12 个月，并且经过国家多学科团队同意治疗的建议。

仅当以下条件满足时，方可推荐用于这些人群：

- 不需要每天超过 16 小时的持续通气或不需要实施气管切开术。

建议 2：对于年龄在 7 至 12 个月的婴儿，国家多学科团队应制定可审核的评价标准，以便将 Zolgensma® 分配给经治疗后至少有 70% 机会能够独立坐立的婴儿。

建议 3：推荐使用 Zolgensma® 作为治疗 5q SMA 前症状状态的选择，条件是该病患具有 SMN1 基因双等位突变和最多三个 SMN2 基因拷贝数。

对于建议 1 和建议 2 推荐使用 Zolgensma® 的患者，可通过患者准入计划（PAS）以简单折扣方式获得药品。然而，对于建议 3，则采用包含患者准入计划 PAS 的 MEA 协议。建议 1 和建议 2 的有效期至 2024 年。建议 3 推荐 Zolgensma® 作为治疗 5q SMA 前症状状态的决定，将在新药上市 1 年后根据最新临床试验数据，结合 NHS 常规群体数据集再进行重新评估。

7.4.4.2　法国

法国 HAS 于 2020 年 12 月发布 Zolgensma® 的评估结果[24]。委员会认为其临床附加价值情况是：

■　在治疗SMN1基因双等位基因突变的5q SMA患者以及临床诊断为1型和2型SMA或有前驱症状患者并且SMN2基因最多只有三个拷贝的5q SMA患者中"显著有效"。

■　没有足够的合理性来证明国家公共基金可以为Zolgensma®的所有适应证买单。比如，对于具有SMN1基因双等位突变且临床诊断为SMA 3型的5q SMA患者的治疗。

与现有其他疗法相比，评估委员会认为其临床附加价值情况是：

■　中度（ASMR Ⅲ），与Spinraza®（nusinersen）相同，Zolgensma®适用于SMN1基因双等位突变：SMN2基因拷贝数为1或2的无症状SMA患者。

■　不推荐（ASMR Ⅴ），Zolgensma®适用于具有SMN1基因双等位突变和SMN2基因拷贝数为3的无症状SMA患者［排除使用Spinraza（nusinersen）］。

根据EMA的要求，更多数据需要从RESTORE登记系统进行收集。此外，接受Zolgensma®治疗的患者信息也应纳入法国国家SMA患者登记注册系统（此前已用于诺西那生钠的管理）。将SMA患者纳入全国登记系统对于进一步重新评估这两种治疗方法至关重要。通过数据收集才有可能系统记录患者疾病的特征、运动能力评估、呼吸和神经认知功能评估、生存质量、耐受性、死亡率以及对出现症状和前驱症状的SMA患者的治疗策略。评估委员会希望在最长5年的时间内从这些登记体系里获取数据。此外，还希望将根据正在进行的研究（临床试验和ATU）和登记数据，在3年内完成对Zolgensma®[25]的重新评估。

7.4.4.3　德国

在德国，罕见病药物可以在上市批准时自动获得G-BA的最高证据质量等级（proof）和临床附加价值评估级别，而无须选择适宜的对照疗法（appropriate comparator therapy，ACT）进行比较。然而，如果药品年销售额超过5000万欧元，则必须重新确定一种ACT，并进行全面的效益评估。数据表明Zolgensma®在德国市场销售的前6个月内，超过了这一门槛。2019年德国议会通过了一项"加强药物供应安全法案（law for more safety in the supply of pharmaceuticals，GSAV）"，并于当年6月生效。基于该法案，对附条件批准（由于证据有限）的产品和罕见病药物进行初步评估后，G-BA可以要求进一步获取额外的真实世界证据。2020年7月，在Zolgensma®评审期间，G-BA明确规定由于罕见病药物证据存在相当大的不确定性，提出了对获批的罕见病药物开展后期证据收集的规定。2021年2月，Zolgensma®成为德国第一款履行收集真实世界证据的罕见病药物。一旦G-BA确定哪款药品需要收集更多数据，IQWiG将代表G-BA起草相关准则，包括数据类型与要求、治疗周期、数据范围、数据收集方法等与患者相关的临床终点指标。此外，G-BA表示，至少每隔18个月，将会审核数据收集是否还在进行或已经结束，以及数据能否基于为再评估提供足够的证据，或者是否需要基于更新数据对原决策中的规定做出相应调整[26]。因此，为了达到G-BA的要求，诺华公司不得不开展一项基于患者登记系统的研究，覆盖高达500名儿童患者信息，并将Zolgensma®与渤健公司的诺西那生钠进行比较（使用SMArtCARE登记系统）。根据时间表，G-BA对Zolgensma的重新评估计划最迟将于2027年夏季进行。

最终，诺华公司未能与德国疾病基金下属保险公司（GWQ ServicePlus AG）签署按疗效支付附带返利条款的协议。该保险公司的疗效数据来自欧盟患者注册登记数据库的数据，并确保与若干患者相关临床结局挂钩（对外不披露）。不同于之前采用的类似创新报销模式的协议，AveXis公司协约协议时，承诺若未达到疗效目标，公司将以分期付款形式偿还，最高可达100%的药物费用退款[27]。

7.4.4.4　意大利

2021年3月，在意大利，对体重不超过13.5公斤且临床诊断为SMA1型并在出生后6个月内出现症状，或基因诊断为SMA1型（SMN1基因双等位突变合并最多两个SMN2基因拷贝）的患者，Zolgensma®治疗的附加临床价值评估结果为"重要"[28]。因此，诺华公司与意大利NHS签订了基于疗效结果的支付协议，根据已实现和可持续的疗效指标，医保按五个时间节点进行支付，即基线（启动治疗时间）、12 个月、36 个月和48 个月。

7.4.5　Tecartus®（Brexucabtagene Autoleucel）

适应证：①治疗复发或难治性套细胞淋巴瘤（R/R MCL）成人患者；②治疗复发或难治性前体 B 细胞急性淋巴细胞白血病（B-ALL）成人患者。

7.4.5.1　英国

2021 年 2 月，Tecartus® 被推荐纳入英国癌症药物基金（CDF）报销，其附加条件是需遵守 MEAs。Tecartus® 符合 NICE 的评估标准，是一款可以在生命末期延长患者生命的治疗药物，然而，由于随访时间短、患者数量少、长期治疗效益结果不明确，以及缺乏对最常见替代治疗的比较，Tecartus® 存在证据上的不确定性。

7.4.5.2　法国

HAS 对 Tecartus® 评估于 2021 年 5 月发布。基于以下几个方面考虑，评估委员会认为 Tecartus® 在临床上具有"实质性的（substantial）"临床价值和"中度的（moderate）"临床附加效益：①来自非对照 Ⅱ 期研究（ZUMA-2）的相关短期疗效数据，包括"完全缓解"（complete response）[约占有意向性治疗（intention to treat，ITT）人群的 60%] 和患者整体生存率（69% 的存活患者理论中位数随访时间为 16.8 个月）；②由于缺乏与现有疗法的直接比较，间接比较又存在局限性，Tecartus® 的疗效效应量存在不确定性；③对于维持长期临床疗效，特别是对患者实现治愈的长期缓解，存在不确定性；④缺乏显著的短期毒性数据和长期安全性数据。

鉴于效率、耐受性和以及治疗复杂性（例如患者资质、白细胞分离、CAR-T 细胞的再注入和输注后监测）方面的不确定因素，评估委员会要求在接受 Tecartus® 治疗的受试者中收集更多数据，包括来自 ZUMA-2 研究的随访、ATU 的最终报告以及 EMA 要求的 EBMT 登记的证据[29]。此外，HAS 要求在法国 DESCAR-T 研究（普遍面向 CAR-T 细胞药物）基础上，为所有符合 Tecartus® 治疗标准的患者建立一个综合登记系统，包括那些参与后 ATU 计划的患者。与先前评估 CAR-T 细胞药物一样，评估委员会明确规定数据收集必须涉及法国所有符合该药物的法国患者，而不仅仅涉及实际接受治疗的患者。这些数据应支持短期和长期的疗效和安全性，并预测对治疗应答的影响因素。这些数据还应用于阐述在实际临床实践中的情况，例如符合治疗条件的患者特征和实际接受治疗的患者特征、治疗史、再注射前后的疾病特征、细胞输注前和细胞输注后实施的治疗条件和治疗策略、CAR-T 疗法的持久性、从前一治疗方案失败到血液分离的时间差、从制备到给予患者之间的延迟时间，以及治疗失败的原因和后续相关管理。再评估将在第一次评估发布 2 年后进行，该评估包含在启动后收集的额外证据。

7.4.5.3 德国

2021 年 8 月，由于证据有限，Tecartus® 的附加价值被评估为"无法量化"。Tecartus® 被质疑是否符合 CAR-T 细胞疗法（如 Yescarta® 和 Kymriah®）最低质量门槛要求，这些质量要求涉及医疗机构的基础设施、现有护理条件和临床专业水平以及拥有这些新型细胞疗法的临床经验。因为对每个患者的获益-风险评估可能不同（个体化治疗），CAR-T 细胞疗法的目标是确保安全性，以及获得最理想的无并发症治疗和随访治疗质量。更多的质量要求还涉及 CAR-T 细胞的制备和给药要求，因为对产品的错误操作可能会限制 CAR-T 治疗成功的可能性[30]。

7.4.6 Libmeldy®（CD34+ 类似物细胞编码 ARSA 基因）

适应证：用于治疗异质性脑白质营养不良（metachromatic leukodystrophy, MLD）。

7.4.6.1　法国

2021年4月，HAS评估认为Libmeldy®仅对无疾病临床表现的无症状儿童具有"重要（Important）"临床价值，无论是在运动、认知和/或行为障碍方面，还是在晚期婴儿型（表现在30个月前）或早期少年型（表现在30个月至6岁）的异染性脑白质营养不良（MLD）。这类患者群体中，Libmeldy®的附加临床价值评估为"中等"（ASMR Ⅲ）。相比之下，HAS认为对于有临床症状的儿童（早期疾病表现尚未出现认知下降并仍能独立行走的患者，以及在30个月至6岁出现的少年期早发患者），Libmeldy®的临床价值不足。

评估委员会要求基于正在开展的201222研究和205756研究的最终报告中收集更多证据，其中包括早期准入项目（early access program）中的患者随访数据以及长期观察性MLD研究的最终报告。此外，评估委员会希望收集的数据能够阐述所有符合Libmeldy®治疗条件的法国患者（无论实际上是否接受治疗），只要患者出现LIBMELDY适应证的相关特征，如儿童运动发育和神经认知异常、生存质量、对治疗应答性和耐受性的可预测因素等数据[31]。在获得上述要求的额外数据后，评估委员会将在3年内对Libmeldy®进行再评估。

此外，2021年10月，基于一项评估，Libmeldy®被纳入新的早期准入项目（Autorisation d'accès précoce，AAP），这项评估表明对比临床参照药物，评估委员会认为Libmeldy®是创新性治疗，尤其因为这种新的疾病管理模式，在疗效、安全性和护理路径方面给患者带来了重大临床获益。

7.4.6.2　德国

2021年11月，G-BA对Libmeldy®的附加临床价值进行了评估认定：

- 对没有疾病临床表现的晚期婴儿型（late infantile，LI）或早期少年型（early infantile，EJ）异染性脑白质营养不良患儿具有"显著"的获益迹象。

- 对于有EJ型异染性脑白质营养不良早期临床表现，但仍有独立行走能力的儿童，在认知功能下降开始之前，具有"无法量化"的获益。

EMA已要求企业于2024年3月31日前提交关于活性成分为Libmeldy（atida-rsagen autotemcel）的正在开展的关键性研究201222的最终研究报告。届时，将获得更多关于两组患者群体（有和无临床表现的患者）在终点类别发病率方面的总生存期和疗效持续性的证据，这将使得EMA能够对Libmeldy®的附加临床价值开展更可靠的评估。由此，最初德国G-BA评估结论的有效期将截至2024年3月，之后，EMA将根据提交的新数据启动再评估。

7.5　准入管理协议的实施：挑战和建议

总体而言，尽管与财务相关的药品MEAs协议数量大幅上升，但基于疗效结果的MEAs协议的使用仍然相对有限。这可能是因为实施疗效结果协议需要投入大量资源，需要建立良好的信息技术系统，打通患者电子病历系统与医保报销系统的对接才能成功实施[32]。MEAs的实施在很大程度上依赖于药品上市后开展更为广泛的证据收集工作，以填补最初评估的证据缺口。在大多数国家，数据收集可以是多渠道的。例如，现有的健康数据库或医疗保险数据库，可以结合正在开展的、或即将完成的临床研究数据。在一些国家（如法国），对于包括Yescarta®和Kymriah®在内的CAR-T细胞治疗，要求药品的数据与现有的化疗数据集和骨髓移植或CAR-T产品的国家注册数据库一同收集。意大利和西班牙均建立了国家网络信息平台，为每种药物/治疗适应证建立定制的数据收集要求。然而，在意大利，国家网络平台未能实现与医院医保报销系统关联，因此处方医师需要重复输入数据。在西班牙，国家网络信息平台正在建设中，但平台对CAR-T细胞治疗的信息收集功能有待完善[33]。此外，监管机构对于药品上市后企业能否履行协议责任问题的担忧也日益增加。研究表明，大多数上市后相关研究都没有在监管机构规定的期限内完成，出现过度延期和出现方法学在时间维度上的不一致性[34, 35]。随机化方法、参照物类别、疗效结果指标和患者数量等相关信息未得到充分报告[36, 37]。最重要的原因之一是，在产品纳入医保报销目录后，制药企业缺乏收集上市后临床证据的积极性。当然，这也包括和新技术被调出医保报销目录相关，尤其是一旦患者和临床医生已经开始使用并适应此类新技术[38]。

因此，MEAs在实际运用中如何达到其预期目的尚难定论。基于调研产品的结果表明，虽然对于新药MEAs能带来以较低保密价格快速实现医保覆盖的短期优势，但MEAs对降低药品相对有效性和成本效果的不确定性上所发挥的作用相对有限[17]。Neyt等人对MEAs在比利时的实际做法进行了评估，并得出结论认为，尽管MEAs对产品的早期市场准入有积极影响，但其在实操过程中存在一些风险。在实施过程中，为确保MEAs能够兑现其促进资源分配科学决策的承诺，我们提出以下建议：①MEA模式的采纳（基于财务结果的协议，基于疗效结果的协议以及基于证据发展的支付协议），应围绕医保需要解决的"药品证据不确定性"问题，进行量身定制；②应加强与患者和处方医师沟通，阐明药品纳入报销的"临时"性特点和随时可能被停止报销的可能性，确保信息公开透明；③MEAs方案不应成为所有药品准入的建议，而应仅作为经过全面考虑各种方案后的备选方案，例如以解决临床未满足需求为出发点基础上，一些昂贵创新疗法可以考虑MEAs方案；④呼吁通过加强国际合作来增加信息共享，这有助于更好地设计MEAs方案，同时提高公众对医保药品价格谈判的知晓度。

7.6　结论

在不久的将来，随着更多CGT相关创新疗法的获批上市，支付方在探索有效策略来缓解可负担性挑战的过程中将面临史无前例的巨大压力。鉴于已有的实践经验尚不能充分回答基于疗效结果的MEAs如何影响过去几年获批上市的CGT的市场准入，我们需要等待更多证据来认真论证其最终能否成为满足各方期待的可持续解决方案。在此呼吁，各国政府应建立一套有清晰政策目标的框架来规范解决方案的实施（例如条件与资格标准），并强化监测管理体系，以确保企业充分遵守药品上市后继续开展科学研究的义务。如果缺乏清晰和严格的执行措施，基于疗效结果的MEAs在加速患者获取救命疗法方面的效果会被大大削弱。

参 考 文 献

［1］ Qiu T, Hanna E, Dabbous M, Borislav B, Toumi M. Regenerative Medicine Regulatory Policies: A Systematic Review and International Comparison. Health Policy. 2020; 124 (7): 701–13.

［2］ Conditional marketing authorization – Report on ten years of experience at the European Medicines Agency. Available from: https://www.ema.europa.eu/en/documents/report/conditional-marketing-authorisation-report-ten-years-experience-european-medicines-agency_en.pdf.

［3］ Orphan Medicines Figures – 2000–2020. Available from: https://www.ema.europa.eu/en/documents/other/orphan-medicines-figures-2000-2020_en.pdf.

［4］ Abrahamyan L, Feldman BM, Tomlinson G, et al. Alternative Designs for Clinical Trials in Rare Diseases. Am. J. Med. Genet. C Semin. Med. Genet. 2016; 172 (4): 313–31.

［5］ Coyle D, Durand-Zaleski I, Farrington J, et al. HTA Methodology and Value Frameworks for Evaluation and Policy Making for Cell and Gene Therapies. Eur. J. Health Econ. 2020; 21 (9): 1421–37.

［6］ Drummond MF, Neumann PJ, Sullivan SD, et al. Analytic Considerations in Applying a General Economic Evaluation Reference Case to Gene Therapy. Value Health 2019; 22 (6): 661–68.

［7］ Carr DR, Bradshaw SE. Gene Therapies: The Challenge of Super-High-Cost Treatments and How to Pay for Them. Regen. Med. 2016; 11 (4): 381–93.

［8］ Faulkner E, Spinner DS, Ringo M, Carroll M. Are Global Health Systems Ready for Transformative Therapies? Value Health 2019; 22 (6): 627–41.

［9］ Towse A, Fenwick E. Uncertainty and Cures: Discontinuation, Irreversibility, and Outcomes-Based Payments: What Is Different About a One-Off Treatment? Value Health 2019; 22 (6): 677–83.

［10］ Prasad V. Immunotherapy: Tisagenlecleucel – The First Approved CAR-T-Cell Therapy: Implications for Payers and Policy Makers. Nat Rev Clin Oncol. 2018; 15 (1): 11–12.

［11］ Roth JA, Sullivan SD, Lin VW, et al. Cost-Effectiveness of Axicabtagene Ciloleucel for Adult Patients With Relapsed or Refractory Large B-Cell Lymphoma in the United States. J. Med. Econ. 2018; 21 (12): 1238–45.

［12］ Champion AR, Lewis S, Davies S, Hughes DA. Managing Access to Advanced Therapy Medicinal Products: Challenges for NHS Wales. Br. J. Clin. Pharmacol. 2020. doi: 10.1111/bcp.14286.

［13］ Barlow JF, Yang M, Teagarden JR. Are Payers Ready, Willing, and Able to Provide Access to New Durable Gene Therapies? Value Health 2019; 22 (6): 642–7.

［14］ Patel N, Farid SS, Morris S. How Should We Evaluate the Cost-Effectiveness of CAR T-Cell Therapies? Health Policy Technol. 2020. doi: 10.1016/j.hlpt.2020.03.002.

［15］ Dabbous M, Chachoua L, Caban A, Toumi M. Managed Entry Agreements: Policy Analysis From the European Perspective. Value Health 2020; 23 (4): 425–33.

［16］ Michelsen S, Nachi S, Van Dyck W, Simoens S, Huys I. Barriers and Opportunities for Implementation of Outcome-Based Spread Payments for High-Cost, One-Shot Curative Therapies. Front. Pharmacol. 2020; 11: 594446.

［17］ OECD Health Working Paper No. 115: Performance-Based Managed Entry Agreements for New Medicines in OECD Countries and EU Member States. Available from: https://www.oecd.org/health/health-systems/HWP-115-MEAs.pdf.

［18］ KYMRIAH (tisagenlecleucel), CAR T anti-CD19 (DLBCL). Available from: https://www.has-sante.fr/jcms/c_2891692/fr/ kymriah-tisagenlecleucel-car-t-anti-cd19-ldgcb.

［19］ Inokuma Y. Pharmacovigilance of Regenerative Medicine Under the Amended Pharmaceutical Affairs Act in Japan. Drug Saf. 2017; 40 (6): 475–482.

［20］ FDA announces comprehensive regenerative medicine policy framework. Available from: https://www.fda.gov/NewsEvents/ Newsroom/PressAnnouncements/ucm585345.htm.

［21］ Adminstration FaD. Expedited_Programs_Regenerative_ Medicine_Therapies_Serious_ Conditions_Final.pdf. 2019.

［22］ Tigerstrom BV. Revising the Regulation of Stem Cell-Based Therapies: Critical Assessment of Potential Models. Food Drug Law J. 2015; 70: 315–37.

［23］ Administration FaD. Regulatory Consideration for Human Cells, Tissues and Cellular and Tissue-based Products: Minimal Manipulation and Homologous Use, 2017.

［24］ Union E. Regulation (EC) No 1394/2007 of the European Parliament and of the Council of 13 November 2007 – On Advanced Therapy Medicinal Products and Amending Directive 2001/83/EC and Regulation (EC) No 726/2004. Official Journal of European Union.

［25］ Guidelines relevant for advanced therapy medicinal prod-ucts. 2019. Available from: https://www.ema.europa.eu/en/ human-regulatory/research-development/advanced-therapies/ guidelines-relevant-advanced-therapy-medicinal-products.

［26］ Qiu T, Wang Y, Liang S, Han R, Toumi M. The Impact of COVID-19 on the Cell and Gene Therapies Industry: Disruptions, Opportunities,andFutureProspects. DrugDiscoveryToday2021. doi: 10.1016/j.drudis.2021.04.020 S1359-6446 (1321)00207-00205.

［27］ Ronfard V, Vertes AA, May MH, Dupraz A, Van Dyke ME, Bayon Y. Evaluating the Past, Present, and Future of Regenerative Medicine: A Global View. Tissue Eng. Part B Rev. 2017; 23 (2): 199–210.

［28］ Gozzo L, Romano GL, Romano F, et al. Health Technology Assessment of Advanced Therapy Medicinal Products: Comparison Among 3 European Countries. Front Pharmacol. 2021; 12: 755052.

［29］ Support for advanced-therapy developers. Available from: https://www.ema.europa.eu/en/ human-regulatory/rescarch-development/advanced-therapies/support-advanced-therapy-developers.

［30］ Agency EM. Procedural Advice on the Evaluation of Advanced Therapy Medicinal Product in Accordance with Article 8 of Regulation (EC) No 1394/2007, 2018.

［31］ Cellular & Gene Therapy Products. Available from: https:// www.fda.gov/BiologicsBloodVaccines/ CellularGeneTherapy Products/default.htm.

［32］ Ferrario A, Araja D, Bochenek T, et al. The Implementation of Managed Entry Agreements in Central and Eastern Europe: Findings and Implications. Pharmacoeconomics 2017; 35 (12): 1271–85.

［33］ Facey K-O, Espin J-O, Kent E-OX, et al. Implementing Outcomes-Based Managed Entry Agreements for Rare Disease Treatments: Nusinersen and Tisagenlecleucel. (Electronic). 1179–2027.

［34］ Banzi R, Gerardi C, Bertele V, Garattini S. Approvals of Drugs With Uncertain Benefit-Risk Profiles in Europe. Eur. J. Intern. Med. 2015; 26 (8): 572–84.

［35］ Hoekman J, Klamer TT, Mantel-Teeuwisse AK, Leufkens HG, De Bruin ML. Characteristics and Follow-up of Postmarketing Studies of Conditionally Authorized Medicines in the EU. Br. J. Clin. Pharmacol. 2016; 82 (1): 213–26.

［36］ Wallach JD, Egilman AC, Dhruva SS, et al. Postmarket Studies Required by the US Food and Drug Administration for New Drugs and Biologics Approved between 2009 and 2012:

Cross Sectional Analysis. BMJ 2018; 361: k2031.

[37] Makady A, Van Veelen A, De Boer A, Hillege H, Klungel OH, Goettsch W. Implementing Managed Entry Agreements in Practice: The Dutch Reality Check. Health Policy. 2019; 123 (3): 267–74.

[38] Neyt M, Gerkens S, San Miguel L, Vinck I, Thiry N, Cleemput I. An Evaluation of Managed Entry Agreements in Belgium: A System With Threats and (high) Potential If Properly Applied. Health Policy. 2020; 124 (9): 959–64.